广东省公共外交与跨文化传播研究基地成果

跨文化交流的基本向度

关键词讲解

刘程 安然○著

昝博文○插画设计

中国社会科学出版社

图书在版编目(CIP)数据

跨文化交流的基本向度:关键词讲解/刘程,安然著;昝博文插画设计.—北京:中国社会科学出版社,2023.11
ISBN 978-7-5227-2511-6

Ⅰ.①跨… Ⅱ.①刘…②安…③昝… Ⅲ.①文化交流—普及读物 Ⅳ.①G115

中国国家版本馆 CIP 数据核字(2023)第 165845 号

出 版 人	赵剑英
责任编辑	刘志兵
责任校对	李　锦
责任印制	李寡寡

出　　版	中国社会科学出版社
社　　址	北京鼓楼西大街甲 158 号
邮　　编	100720
网　　址	http://www.csspw.cn
发 行 部	010-84083685
门 市 部	010-84029450
经　　销	新华书店及其他书店

印　　刷	北京明恒达印务有限公司
装　　订	廊坊市广阳区广增装订厂
版　　次	2023 年 11 月第 1 版
印　　次	2023 年 11 月第 1 次印刷

开　　本	880×1230　1/32
印　　张	5
插　　页	2
字　　数	78 千字
定　　价	36.00 元

凡购买中国社会科学出版社图书,如有质量问题请与本社营销中心联系调换
电话:010-84083683
版权所有　侵权必究

序　言

全球化向我们发出传播（communication）的邀请，让我们带着乡愁走向远方。但与他者的交流是没有保障的冒险，这使得诗与远方若即若离，于是，全球化又向我们发出了跨文化传播的邀请。理论家们用三个"跨文化"词汇（inter-culture、trans-culture、cross-culture）连接"communication"，聚焦文化互动的"我"、文化交叉的"我"、文化融合的"我"，回应全球化时代"我"的生存图景：全球流动不断使人们体验普遍交往，遇见陌生人，经受文化差异与文化压力，进入文化适应，感受文化连接与分割的心理考验，由此引申出"跨文化传播如何可能"的追问。

从特定的跨文化经验出发,通过跨学科路径,跨文化传播的理论之域呈现在我们面前。这些理论并非供人们拿来即用,而是激发人们去不断追问"跨文化传播如何可能",使理论融入自己的经验世界。因此,我们不妨借用萨义德的"理论旅行"(travelling theory)这个隐喻,揭去抽象的、宏大的理论面纱,代之以"理论"需要永远"在路上"的亲切体验。

这本书把我们带到了跨文化传播的"理论旅行"之路。两位教授曾长期在海外学习、工作、生活,对跨文化交流有切身的感受,且乐于"感同身受",喜谈"同情""共情";他们长期与国际学生打交道,并从事跨文化研究,熟知跨文化研究的走向。很自然地,作者从跨文化交流研究的传统出发,选取20个关键术语,广泛使用古今中外的案例,条分缕析、抽丝剥茧,通过讲故事的形式,娓娓道来,引导读者体验跨文化交流。

其实,跨文化传播理论本身就是从边缘人、旅居者、移民、难民、商人等诸多研究对象中提炼出来的理论。在他们的跨文化交往实践中，一些经验被理论化，产生了诸多相关概念和理论：跨文化适应、跨文化敏感、跨文化冲突、文化休克、刻板印象、高语境与低语境，等等。这本书不仅仅让读者理解这些理论和概念，更重要的是启发读者从经验出发去理解理论、质疑理论，和理论对话。

从理论到经验的还原并非只有一条路径，而应该是多元路径。跨文化的理论可以还原到移民或难民的跨文化实践、中国近代西方传教士的跨文化实践、留学生的跨文化实践、旅居者的跨文化实践等多种场景中，甚至，国家内部不同文化群体间的跨文化冲突与实践等场景，都可以作为跨文化理论向经验维度的转化路径。读者诸君可留意作者的这种用心。

这本书特别关注西方传教士的跨文化经验，这一点有助于我们加深对跨文化的历史经验的感知。我曾留意过这种特殊的历史经验，发现传教士长期身处异质文化之中，所积累的跨文化经验可以有效地丰富其思维内容，从而加强中国文化的可感知性。与不同阶层中国人接触的跨文化经验影响着传教士感知中国形象的知识偏向；与持不同宗教态度的中国人接触，唤起了传教士不同的情感反应，并形成其中国形象感知的情感偏向。传教士对冲突性体验的心理反应，以及调适自身认知图式以应对跨文化冲突的意愿，对于形成特定的传教士中国形象感知类型具有关键作用。西方人如果从传教士思维出发，以西方基督教文明为标准衡量中国，必然会激化跨文化接触中的矛盾冲突，带来对他者形象的偏见性感知，实际上是看不见中国的；但对于中国人而言，通过西方文化的投射却可以看见自己，对自我文化进行反思。

不过，我更偏向于现实的跨文化经验，反观这些经验，不仅可以看见过去的经验和族群的经验对我们的塑造，还可以看见我们与他者互动中的经验交换与转化，厘清什么是我们个人的跨文化经验，什么是呈现跨文化问题的经验材料，什么是被建构的经验，从而帮助我们面对跨文化交流而思，激发我们的跨文化传播创新思维。

祈望更多的学者把读者引向跨文化经验场域，反思现实的跨文化传播实践，照亮跨文化传播的理论思维。

是为序。

单　波

武汉大学媒体发展研究中心

2022 年 6 月 24 日

目 录

前言 / 1

跨文化敏感 / 1

度蜜月？跨文化适应感知的阶段论 / 8

"利玛窦规矩"：跨文化适应的典范 / 15

跨文化不适应 / 19

"文化休克"会不会死人？ / 26

鸡同鸭讲？ / 38

为什么你说话总绕圈子：高语境文化与
　　低语境文化 / 47

好奇心：文化差异与文化距离 / 55

跨文化双向交流 / 61

"如果我是你，我会怎么样？" / 70

"我"与"他" / 77

有限认知与错误认知 / 83

刻板印象 / 91

妄自尊大 / 97

各种"打架"：冲突里隐含的文化 / 104

种族歧视 / 110

"时间会说话" / 117

以己度物 / 125

创新的更大可能性：文化多样性 / 132

求"大同"、存"小异" / 139

后记 / 145

前　　言

当今世界，正经历"百年未有之大变局"。

世界多极化、经济全球化、社会信息化、文化多样化不断深入发展，身在地球村的我们，谁都无法不被卷入。不同地域、不同族群、不同宗教、不同文化和文明样态之间的交流交往日益频繁、多样、复杂，这是跨文化交流的机会，也是对跨文化交流提出的挑战。

当你走出国门，旅游、留学、探亲、做生意、移民定居，异域的文化、陌生的人群扑面而来，你需要面对的就是跨文化交流。即使身在国内，学校里、大街上、商场中，来自其他地域、国家或文化的人们，依然逃不脱你的视线，你需要面对的还是跨文化交流。

突然而至的跨文化交流，或许让人手足无措，仿佛世界中的一片巨大黑暗，悄然降临。于是，我们匆忙翻看书籍，书籍中却充满不知所云的高深理论，让人毫无头绪，"你不说我倒还明白，你越说我越糊涂"；我们匆忙向人打听，话语里却充满公说公有理婆说婆有理的悖论，一个说"水深"、一个说"水浅"，好似"小马过河"。

我们曾长期在海外学习、工作、生活，对跨文化交流有切身的感受，能够感同身受，"同情""共情"；回国后，长期与国际学生打交道，并从事跨文化研究，熟知跨文化研究的走向。我们从跨文化交流研究的传统出发，选取20个关键术语，按照跨文化适应形态、跨文化认知、价值观的逻辑顺序，使用古代（清朝及之前）的案例，条分缕析、抽丝剥茧，通过讲故事的形式，娓娓道来。可以说，这本小书，有趣、有料、有用。

我们不囿于跨文化研究的传统，结合中国的具体情况，自行发明，如"求'大同'、存'小异'"

"时间会说话""以己度物""妄自尊大"等，体现了我们想以通俗方式理解跨文化交流诸概念的学术勇气和认识。

"跨文化交流""跨文化交际""跨文化传播"这些概念都是上世纪的舶来品，在这些概念传到中国之前，几千年的中国社会早已存在丰富多彩生动活泼的跨文化交流活动。我们使用大量的古代案例，算是一个创新吧，也希望让读者耳目一新。

本书以"看那老外"为观察视角，有其深意。老外是老外，但是很多时候，在"老外"看来，我们自己才是老外。这正是跨文化交流中的"换位思考"，我们也不断从外与内的视角，提供例证，进行阐释。

需要特别指出的是，文中多处提到来华传教士。无论他们隶属何种教派、身处哪个历史时期或地域，来华传教士的根本目的之一是传教。但也不可否认，其在华传教过程中所使用的多种策略，包括兴办学校、创立医院、行医治病、知识科普、文化研究等，都对那时的中国民众和中国社会产生了一定影响。在自我和他者之间，我眼中的我和他，与他眼中的他与我，是否一致，这是跨文化交流经常会遇到的显性问题。

习近平总书记在十九大报告中明确指出，"要尊重世界文明多样性，以文明交流超越文明隔阂、文明互鉴超越文明冲突、文明共存超越文明优越"，要"促进和而不同、兼收并蓄的文明交流"，以史为鉴，"不忘本来、吸收外来、面向未来"，这样才能"更好构筑中国精神、中国价值、中国力量"。就方法论而言，毛泽东所倡导的"古为今用""洋为中用"和"具体问题具体分析"的辩证哲学思想，对全面、客观、准确地看待历史上的跨文化交流问题，仍有指导意义。

希望大家喜欢这本小小书。

作者

2022 年 4 月 22 日于广州大学城

跨文化敏感

一处秀丽的风景,美不胜收,惊为天人。有人正在以此处的风景为背景,她的朋友在稍远处举着照相机,准备拍照。你要行走的路,就在她们二人之间。你是当作没看见,若无其事大摇大摆地从二人之间走过,还是示意她们继续拍照,你在原地耐心等候,或者绕道而行?

德国地质学家、探险家李希霍芬在湖南时,认识一个名叫罗石浦(音译:Lo schi pu)的当地人。"当他在我们船上做客时,我问他在娶亲时是否对他的妻子满意。他甚至有点儿生气,因为他从来就没想过这个问题。在他眼里,父亲给他定了哪位女子，他就应该娶她。当我又问他，在娶亲前是否见过他未来的妻子时，他居然一下从椅子上跳了起来，他觉得这个问题本身就侮辱了他。因为如果他见过，那就说明这位女子已经不忠贞了，那他绝不会娶她。"①

英国人阿绮波德·立德在华时，隔壁村子的一个穷苦的女人死了，夜幕降临后，亲友在乡村小路上给她烧纸钱，路上火光点点，道士们在做法事，悦耳的音乐远远飘来。"只是有时声音突然大起来，狗就会醒来不停地叫。这个可怜的女人，忙忙碌碌了一生，连死都不能清静。"②

以上两个例子中的李希霍芬、阿绮波德，显然跨文化不敏感，对中国文化缺乏了解。

李希霍芬至少不知道古代中国的两个情况：其一，青年男女的婚姻，都是"父母之命、媒妁之言"，个人基本是没有选择权、自主权、话语权的；

---

① [德] 费迪南德·冯·李希霍芬、[德] E. 蒂森选编：《李希霍芬中国旅行日记》，李岩、王彦会译，商务印书馆2018年版，第342页。

② [英] 阿绮波德·立德：《穿蓝色长袍的国度》，陈美锦译，译林出版社2014年版，第108页。

其二,"男女有别"。在结婚之前,男女是不可能见面的。女子"大门不出,二门不迈",独处深闺,做点女红,打发寂寥的时光。出门时,轿夫抬轿至家门口,背转身去,小脚女子从闺房被人背出来,在丫鬟的搀扶下,迅速上轿,拉好窗帘。到达寺庙或亲友家,轿夫落轿在门口,立即背转身去,女子闪身下轿,进入内室,自始至终不被人瞧见。被人瞧见了的女子,要么是下等人家的女子,要么是不忠贞的女子。

阿绮波德显然是不了解中国人的葬礼习俗。殊不知在中国,吹吹打打、热热闹闹、轰轰烈烈,才算是风风光光下葬。

跨文化敏感需要开放包容、彼此尊重、自我审视、换位思考。

首先,开放包容。摩洛哥人伊本·白图泰来到元朝的广州,中国南方总长官郭尔塔设宴招待。"他是中国的总长官,承蒙他于其府内治备宴席招待,全城要人出席作陪。为此请来了穆斯林厨师,按伊斯兰教法宰牲治席。这位长官尽管地位极高,却亲手给我们布菜,亲手切肉待客,我受他款待一连三天。"① 郭长官充分考虑到客人的宗教背景和饮食习惯,很好很好。对比一下美国传教士丁韪良在河南旅行时遇到的状况:"这些旅店大多由回民开设,我了解到这一点可是付出了代价的。一天,我的仆人支好桌子,我正要用早餐,早餐里有一块火腿。这时,房东出现了,他请求我看在他的面子上千万不要食用猪肉。我只好把火腿扔掉了,改吃腌牛肉。可是,店主同样反对我吃牛肉,他说牛也是神圣的。的确,中国南方也是这样的。我理解他的心情,所以我说只吃面包黄油。'千万不要吃黄油!我求您了!'他高叫道,'黄油也是不能吃的!我的餐具已经有五年不沾荤腥了!'我不得不就着一壶茶吞下了干面包,离开了小店,决定下次避开这样挑剔的房东。"②

其次,彼此尊重。文明有先后,文化无优劣,其要义在于彼此尊重。在这方面,康熙皇帝做了一

---

① [摩洛哥]伊本·白图泰:《伊本·白图泰游记》,马金鹏译,华文出版社2015年版,第404页。
② [美]丁韪良:《花甲忆记》,沈弘、恽文捷、郝田虎译,学林出版社2019年版,第266页。

个好榜样。康熙后宫有一个妃子弹竖琴弹得好,康熙打算让精通音乐的在华传教士徐日晟鉴定一下她的水平,可能的话,还可以切磋一下琴艺。在古代,男女有别,除了父亲、兄弟、丈夫、幼童外,女子是绝对不允许与其他任何男子见面的,更何况是皇帝的妃子,更何况是与外国男子见面。皇宫里的妃子,终其一生,见到的男人,仅皇帝一人而已。康熙考虑到神父会对此感到不方便。有人建议在妃子与神父徐日晟之间悬挂一道纱帘,彼此隔离,康熙仍然觉得这样会让妃子和神父都感到不自在。又有人建议让这个妃子女扮男装,这样神父就不知道自己面对的是一名女子,但康熙又不想欺骗神父。往来思索、斟酌良久,最后还是作罢。① 美国土木工程师柏生士在湖南勘测铁路线,走到哪里,就把美国国旗带到哪里,在两面旗帜之下勘测铁路,以此为乐,以此为荣。"这面美国国旗是在湖南出现的第一面外国国旗。在美国的国旗旁,我们挥舞着清帝

---

① [法]白晋、张诚、洪若翰、杜德美:《外国人眼中的中国人:康熙大帝》,黄慧婷、卢浩文译,东方出版社2013年版,第173页。

国的龙旗，向正在访问的这个国家致敬。"① 这是聪明的做法，否则外国人出现在当时被称为最保守最封闭的湖南省，还不闹出人命?!

再次，自我审视。美国公使夫人萨拉·康格说："我在中国人的性格中发现很多令人敬佩的东西，同时也遇到很多——至少就我个人而言——令人不快的地方。我一直不断地提醒自己在其他国家里会有一些和我们自身不一样的地方。"② 康格夫人说，由于西方列强在中国巧取豪夺，肆意掠夺，作威作福，暴虐对待中国人，因此中国人反对外国人、痛恨外国人，这些都是可以理解的。康格夫人把中国的体制比作一座钟，经过几千年的发展，它的各个齿轮分工协作、各尽其职、严丝合缝、运行良好。外国人一来，看见这座古老的钟，就要把其中的某些齿轮换掉，但又找不到更好的替代品，导致中国一片混乱。她认为，需要反思和审视的，不是中国人，

---

① ［美］柏生士：《一位美国工程师的中国行纪》，余静娴译，商务印书馆、中国旅游出版社2017年版，第74页。
② ［美］萨拉·康格：《北京信札——特别是关于慈禧太后和中国妇女》，沈春蕾、孙月玲、袁煜、綦亮译，南京出版社2006年版，第42页。

恰恰是缺乏跨文化敏感的外国人。康格夫人的话再引申一下，颇有"中国是中国人的中国"的意味。

最后，换位思考。美国传教士丁韪良出任京师同文馆（后来并入京师大学堂，即北京大学的前身）总教习时，"有一次《京报》上印了一段贬损外国人的话，学生们便刻意将班级里那份报纸上的这段话剪裁掉之后，才交到我的手里。对于他们的感情，我却没有照顾得那么周到。在开馆初期，一个英语班正在朗读一本描写人文地理的书，突然遇到了一段将中国人描述为'肤色像肮脏的黄牛皮'的话。他们并没有因为读到这句失敬的话而生气；但我很后悔自己没有事先留意这样的细节问题"。① 京师同文馆的同学们换位思考做得很好，相比之下，丁韪良老师却做得不够，因而心生自责。

---

① ［美］丁韪良：《花甲忆记》，沈弘、恽文捷、郝田虎译，学林出版社2019年版，第319页。

度蜜月？跨文化适应
感知的阶段论

当进入一种新的文化，比如从一个国家到另一个国家，从一个区域到另一个差异明显的区域（比如东北人到四川？），从一个族群到另一个族群（如傣族到土家族），跨文化适应就开始了。

挪威社会学家利兹格德（Sverre Lysgaard）把跨文化适应划分为三个阶段：初始调整期、危机期、回复适应期。

后来有好事者，把这个曲线拉长，变成四个阶段，就好像把 U 字右边的那一短横，往右平拉，拉得很长一样。连名称都改了：蜜月期、危机期、适应期、双文化主义（biculturalism）。

本来按道理，到了一个新文化里，文化符号、社会规范、话语体系什么的，都变了，肯定是不舒服的。

但是，因为刚开始接触，什么都新鲜，什么都觉得好奇好玩。就好像两个青年男女，"只是因为在人群中多看了你一眼"，因此"再也没能忘掉你容颜"。真的面对面了，肯定两情缱绻情深意浓你侬我侬耳鬓厮磨如胶似漆难舍难分，度蜜月一样。

这种"度蜜月"式的跨文化样态，最典型的人群是一些旅游者。他们衣食无忧，有钱有闲，小资情调，东游西逛，追求"诗与远方"，舒服得很。十天半个月，半年一年，都可以是"蜜月"。比如清代的大汕和尚，应越南国王的邀请，赴越南传法，被聘为"国师"，一路春风得意，诗兴大发，不亦乐乎。[①] 比如英国传教士威廉臣（Alexander Williamson）的夫人伊莎贝拉来华，一直"在路上"。有一次，偶遇一个新媳妇回娘家。"在中国，对一个新媳

[①] （清）大汕：《海外纪事》，余思黎点校，中华书局2008年版。

妇来说，最重要的就是她的鞋子了。那我就先从这个小媳妇的鞋开始说。鞋也的确是她身上最大的亮点，鞋面是闪闪发亮的鲜艳的玫瑰色的缎面，上面用暗蓝色的丝线绣着一些花纹，其中还伴有金线，鞋口的边缘缝制着一圈用金色的丝线编织的带子，在靠近鞋后面的地方，可以隐约看到一点白色的带子，这实际上就是她的裹脚布。袖珍小巧的小脚，就是穿上鞋，鞋底也几乎没有我的手掌大。在脚脖子周围，是一圈蓝绿色的丝绸绑腿带，用一条有两英寸（约5.08厘米）宽的红色的丝绸带子绑着，带子的两端还有流苏装饰。在她下身所穿的红色的裙子的映衬下，她的这双小脚和绣花鞋还真是一件艺术品。裙子的样子像一个三角形，裙摆有近6英尺（约1.83米）宽，在腰部则逐渐收紧。裙子的每一面都装饰有黑色的锦缎，裙子红色的底色上也用蓝绿色的丝线绣着各种精美的图案，其中最主要的就是蝴蝶图案。"[①] 这还不够，她用了整整一章来描写

[①] ［英］伊莎贝拉·威廉臣：《中国古道：1881年威廉臣夫人从烟台到北京行纪》，刘惠琴、陈海涛译注，中华书局2019年版，第110—111页。

这个"路人甲"小媳妇！都说女人爱吃醋，一个女人能够这么面面俱到、这么细致而不厌其烦地描写另一个国度的女人，那是真爱啊。这就是跨文化适应的"蜜月期"，啥都好，啥都美，啥都喜欢，几乎就是"情人眼里出西施"。

另一个英国人就没那么舒服了，他就是西方派到中国的第一个新教传教士马礼逊①。清朝嘉庆年间，马礼逊来到广州。那时的清朝禁绝洋教。不能随便住，只能住在法国人的商行里；不能随便说话，只能说自己是美国人；不能进入广州市区，只能在限定区域内少量走动。这种情形，基本属于"软禁"了。清政府还禁止外国人学中文，禁止中国人教外国人中文，禁止中国人把中文书籍卖给外国人，禁止外国人编写中文书籍，违者一律砍头。马礼逊要传教，首先要懂中文。这可怎么办呀？他只能偷偷请"家教"，教自己中文，偷偷编《华英字典》让自己学中文，偷偷把《圣经》翻译成中文。马礼

---

① ［英］马礼逊夫人：《马礼逊回忆录》，顾长声译，广西师范大学出版社2004年版。

逊的跨文化适应,哪有什么"蜜月期",脑袋随时要搬家,自始至终都是"危机期",偷偷摸摸,提心吊胆。

怀业是贞固和尚的弟子,"祖父本是北人,因官遂居岭外。家属权停广府,慕法遭奉师门。虽可年在弱冠,而实志逾强仕"。唐僧义净从西天印度求法取经回国,借道室利佛逝国(印度尼西亚苏门答腊的一个古国),经南海回到广州,找了四个僧人一起去室利佛逝国翻译佛经,怀业就是其中之一。怀业"且为侍者,现供翻译,年十七耳"。佛经翻译工作完成,大家伙儿回国,唯有"怀业恋居佛逝,不返番禺"。[①] 目测这位年轻人已经适应并喜欢上了那边的生活,错过了女皇武则天"亲迎"义净回国的盛大场面,因小失大,实在有点不值当。

由此可见,跨文化适应千人千面,所谓的阶段论,并不一定适合任何人或者任何人所处的任何情境。

[①] (唐)义净:《大唐西域求法高僧传校注》,王邦维校注,中华书局2020年版,第262、269页。

如果非要用爱情婚姻来套用的话，或许可以这样说：蜜月期＝"度蜜月"，危机期＝"七年之痒"，适应期＝"左手握右手"，双文化主义＝四面八方带有多个城门的"围城"？

后来又有好事者，在上述三段论、四段论的基础上，增加一个"回归休克"（reentry shock），变成五段论，这就是著名的 W 形曲线模式。"回归休克"是指已经在异文化中跨文化适应得很好的人，重又回到自己的母文化时所经历的文化休克与文化再适应。跨文化再适应如果适应得不好，会付出代价，比如英国人亨利。"亨利在中国生活多年，已经养成了中国习惯。回到英国时，一次他叫了一辆出租马车从西郊到市区，让车夫等了他两三个小时。看到账单时，他吃惊万分。可不是吗，那里面很多是车夫长时间等待的费用。"①

---

① ［英］格雷夫人：《广州来信》，［美］邹秀英、李雯、王晓燕译，广东人民出版社 2019 年版，第 87 页。

跨文化交流的基本向度：关键词讲解

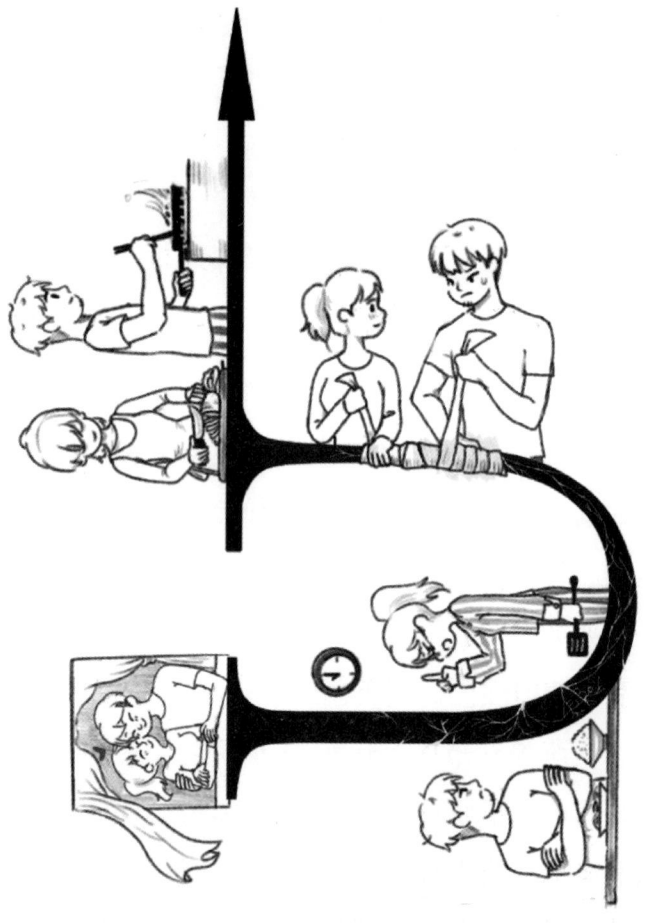

跨文化适应U形曲线（婚姻版）

"利玛窦规矩"：跨文化适应的典范

"利玛窦规矩"不是笔者说的，是康熙说的。对，就是清朝的康熙皇帝。利玛窦被康熙点名表扬，是因为他是康熙眼中跨文化适应的典范。

说实话，利玛窦来中国的路上，就不适应。从意大利坐船，绕来绕去，要坐好几个月呢。如果不是身体、意志、忍耐力都超强，还没到目的地，可能就见上帝去了。

到了中国，利玛窦也不适应。换作现在的一个小城小镇，来一个金发碧眼的外国人，大家可能也要集体围观、久久不愿散去。回到家，肯定还要免费宣传、广而告之。过了多少年,还会念叨"那个老外……"更别提四百多年前了。当时的百姓,受官府的蛊惑,对外国人没什么好感,利玛窦被喊"红毛鬼",被扔石头。好在利玛窦能忍,并不奋起反击,算是在中华之帝国慢慢站稳脚跟。

除了能忍之外,利玛窦能在明帝国立足,得益于他很会"入乡随俗"。利玛窦来华,肯定是吃不上披萨、意大利面的,生活上就是一个大的挑战。利玛窦的原则是,中国人吃啥,他吃啥,依葫芦画瓢,照着来。

利玛窦来华,主要不是为了吃美食,他是来传教的。为了传教,他想了很多招儿。甫一开始,他心想,我是传教士,明帝国有和尚,都是宗教信仰嘛,我不就是西方来的和尚吗,就声称自己是"西僧"。了解情况后发现,不对呀,和尚在明帝国的地位灰常(非常)的低啊,和贩夫走卒、鸡鸣狗盗差不多,没人搭理,遭人鄙视。他通过慢慢观察才体会到,中华之帝国崇尚教育、知识、文化,崇敬读书人、有知识有文化的人。利玛窦连忙把剃掉的头发重新留起来,把泛黄的袈裟扔掉,换上读书人、士大夫的长袍马褂和帽子，变身为"西儒"。与此相适应，他的传教策略也从"由下而上"，转变为"由上而下"，走"上层路线"去了。

利玛窦能在明帝国立足，还得益于他"投其所好"。走"上层路线"需要资本，而且这些资本还要用对地方，所谓"投其所好"，关键在这个"好"。

第一，针对当地官僚、士大夫、文人士子，他的敲门砖是"记忆术"[1]。中国人及其后代都要学习，参加科举考试，而科举考试最基本最重要的是记忆、背诵。那些个公卿大臣们功成名就，自然更希望自己的后代能够考取功名，以便子承父业，光宗耀祖，乐享福禄万万年。利玛窦针对市场的迫切需求，专门编写了一本《西国记法》，供考试焦虑、前途焦虑的学子们使用，解决了市场痛点。学着学着，文人士子自然就和利玛窦聊起宗教的事情。正如那些在华传教士医生，给病人看病，看着看着，传教士自然就和他们聊起宗教的事情。传教的局面

---

[1] ［美］史景迁：《利玛窦的记忆宫殿》，章可译，广西师范大学出版社2015年版。

慢慢就打开啦,可谓开好头、起好步、谋好篇、布好局。

第二,针对皇帝,他的敲门砖是自然科学知识。① 那时的明帝国没有什么"世界"的概念,以为中国是世界的中心,万国来朝。利玛窦给明代的神宗皇帝科普,讲解世界地理和自然科学知识,还给皇帝制作中国历史上第一幅世界地图"坤舆万国全图"。为了让皇帝龙颜大悦,利玛窦灵活变通,把明朝版图的位置稍作移动,摆在世界地图的正中央,朝廷上下皆大欢喜,朝野内外欢呼雀跃。中国人第一次发现:妈呀!原来"世界这么大"!利玛窦从意大利带来的自鸣钟、天象仪也深受欢迎和喜爱。自鸣钟其实就是我们习见不怪的闹钟而已,那时可是个稀罕玩意儿。

利玛窦跨文化那么成功,可真是下了一番功夫呢。

---

① [意]利玛窦、金尼阁:《利玛窦中国札记》,何高济、王遵仲、李申译,中华书局2010年版。

跨文化不适应

对"沉默的大多数"人来说,在看似漫长实则短暂的人生过程中,只使用一种语言,只经历一种文化,只和一种人群交流。

有些人却面对多于一种的文化,说着多于一种的语言。这样情境中的人,不止属于一种文化、不止拥有一个身份,就会穿越于文化之间,好似"跨"文化。好像骑马,"骑"在两种或者更多种文化的"背上","骑"在两种或者更多种语言的"之间"。

这样的人,不但是文化中的人,更是跨文化中的人。他们不仅穿越,而且能找到两种或多种文化的重叠处,稳立在共有区域,如鱼得水,这就是我们所说的 intercultural，在文化之间穿梭的人。

面对两种或多种语言、两种或多种文化，要和不同文化背景的人交流，这种交流，就是跨文化交流。

要实现跨文化交流，或者进一步，实现跨文化传播，首先要跨文化适应。一般来说，跨文化适应得好，跨文化交流与传播就好。

约翰·贝里（John Berry）是跨文化适应研究最知名的专家之一，关于跨文化适应，他提出四种不同的策略：整合、同化、分离、边缘化。他把跨文化适应限定于"跨国移民"之间的交流，我们认为，跨文化适应的范围应该扩而大之，但凡有较明显差异的国家、区域、文化、族群之间，都可以有跨文化适应。

比如，明代的王济是浙江乌程人（今湖州），出任广西横州判官，发现广西的风俗、民情、出产等与吴浙不同。每每遇到这些情况，他都细细询问，后来追记其事，形成《君子堂日询手镜》二卷。发现"岭南好食槟榔，横人尤甚……士夫生儒衣冠俨然，谒见上官长者，亦不辍咀嚼"，朝野上下都喜欢吃槟榔。"并俗传有人蛮口吐血之语，心窃疑焉。"既然横州人这么喜欢吃槟榔，王济自然也要试一试："余亦试嚼一口，良久，耳热面赤头眩目花，几于颠仆。久之，方苏。遂更不复食，始知其为真能醉人。"① 王济这一试，果然不习惯，闹了个头昏眼花，几乎昏迷不醒。这是跨文化生活不适应的表现，这种因区域之间的文化差异而导致的跨文化不适应，有时候甚至比"跨国移民"之间的跨文化不适应更加典型、剧烈。

按照贝里的理论范式，跨文化不适应是一个过程，更是一种结果。这里，我们只看其中的两种情况。

第一种结果："边缘化"② 或"孤岛"。

"边缘化"离母文化远，想够够不着；离异文化近，不想亲近却时时刻刻被缠绕。游离于两种文化之间，不附属于任何一种文化，完全是一种消极的状态。笔者把这种现象称为"孤岛"。好在"孤岛"不止一个，有很多。从空中俯瞰下来，这些"孤岛"连接起来，所谓"抱团取暖"，也好。

---

① （明）王济：《君子堂日询手镜及其他一种》，商务印书馆1936年初版，第15—16页。

② Everett V. Stonequist, *The Marginal Man: A Study in Personality and Culture Conflict*, Russell & Russell, 1961.

刘邦打下江山,他老爹就成了太上皇,跟着刘邦跑到帝都长安(现在的西安),吃香的喝辣的,理应乐不思蜀、高兴坏了,但太上皇并没有,"以平生所好,皆屠贩少年,酤酒卖饼,斗鸡蹴鞠,以此为欢,今皆无此,故以不乐"。太上皇这是明显的跨文化不适应啊。太上皇不高兴,后果很严重。刘邦一急,连忙"作新丰""移旧社,衢巷栋宇,物色惟旧","移诸故人实之","士女老幼,相携路首,各知其室。放犬羊鸡鸭于通途,亦竟识其家","太上皇乃悦"。刘邦老爹的跨文化不适应具有典型性。刘邦为他老爹处理跨文化不适应问题的办法是重置原文化情境,让他老人家仿佛回到原有熟悉的文化中。这样一来,周遭的一切就变得亲切起来,不适应的感觉顿觉消亡。这是一种典型的治愈跨文化不适应的方法,对社会文化和心理不适应都有效。

第二种结果:疯了或失联了。

马国贤[1]是18世纪意大利来华天主教会传教

---

[1] [意]马国贤:《清廷十三年——马国贤在华回忆录》,李天纲译,上海古籍出版社2013年版,第133—137页。

士，和当时的中国皇帝康熙过从甚密。1724年，马国贤回到那不勒斯，创办"中国学院"，力图把一道带回来的五名中国男孩培养成为合格的职业传教士，再送回中国传教。其中的一名学生路西奥，刚开始是偷窃，然后是逃走、被抓捕、关禁闭、逃走、被抓捕、被审讯、被关监狱，乃至精神崩溃，最后神秘失联。路西奥同学明显也是跨文化不适应，应该是生活不适应、社会不适应，而且心理也不适应。

与这个跨文化不适应的案例相比，同去的另外一名中国男孩殷若望却适应得非常好，可以为跨文化不适应提供借鉴。"当时佩德哈枢机（红衣）主教（Cardinal Petra）转身对殷若望说：希望能把他培养成主教。这位年轻的神父回答说：还不如让我当红衣（枢机）主教吧。枢机主教大人吃惊地看着他，一时还没明白过来他的意思。殷若望拿过枢机主教的权杖，补充说：'我说不如当个红衣主教，并不是指穿上像大人您这样的一套外衣，而是为基督的事业，流出我的鲜血，把我自己的黑袍染红。'在场所有的人都赞美他的这个回答，并马上传遍了整个罗马。"可惜殷若望回国后,在江上航行时,被一条冒然跳到船上的大鱼吓了一跳,惊吓过度,高烧不退,五天后就死了。此为后话。

跨文化不适应

"文化休克"会不会死人?

卡莱沃·奥博格(Kalervo Oberg)创造 culture shock 这个概念,意思是说,人到了一个陌生的文化、环境,什么都不熟悉,精神焦虑,好像"休克"了一样,处于一种心理上的昏迷、迷惑、迷茫的状态。说白了,就是不适应,缺"氧"、难受。他显然借用了医学的概念,来指称心理学的现象。

卡莱沃·奥博格发明 culture shock 这个词是在 1960 年。20 世纪 90 年代,这个概念被引入中国,意译+音译为"文化休克"。

关于跨文化适应,后人提出著名的 U 形或者 W 形曲线理论,曲线最底部的那个地方就是文化休克期，是情绪的谷底。

文化休克的表现：孤独、焦虑、思乡。

首先是孤独。东晋法显是中国第一个到海外求法取经的高僧，周游列国十五年，从海路回国途中，途经斯里兰卡的无畏山时，见佛殿中的一座青玉像旁有商人用一块晋地的白绢扇作为供养，顾影自怜，落下泪来。"法显去汉地积年，所与交接悉异域人，山川草木，举目无旧，又同行分披，或留或亡，顾影唯己，心常怀悲。忽于此玉像边见商人以晋地一白绢扇供养，不觉凄然，泪下满目。"① 心情孤独悲苦，可见一斑。宋代，日本高僧成寻来华，巡礼天台山，到达大慈寺时，"有一老僧，将来日本国圆灯上人影像"，成寻"但见日本人影，感泪颇下"。② 说的仍然是异国他乡，睹物思人，徒增孤独和感伤。

意大利来华传教士庞迪我说："京城中住着一位

---

① 东晋沙门释法显：《法显传校注》，章巽校注，中华书局 2008 年版，第 128 页。
② ［日］成寻：《新校参天台五台山记》，王丽萍校点，上海古籍出版社 2009 年版，第 61 页。

突厥人。四十多年前他带来两头狮子，献给当今皇帝的父亲。这位突厥人不懂文学或科学，也不愿意适应中国的习惯、风俗和处事方式。所以没有人愿意与他打交道，也没有人登门拜望他。"① 这是"孤岛"一般的孤独。来华后的英国人谢立山也深感孤独："只有那些多年来在陌生土地上承受孤独的人们才会明白，在他乡遇到一个与自己一样的欧洲人是什么样的感受。"② 这就好比在乡里，遇到一个同村的，才是老乡；在县里，遇到一个同乡的，才是老乡；在省外，遇到一个同省的，才是老乡；在国外，遇到同一个国家的，就是老乡。而在英国人谢立山看来，遇到一个法国人或者任何"红毛鬼"，都是老乡，就是因为心里孤独呀。《大唐西域求法高僧传》记载，师鞭法师"与玄照师从北天向西印度"，到达菴摩罗割波城，住在皇家寺庙里，见到同样从东土大唐来印度求法取经的道希法师，"伸乡国

---

① 叶农整理：《耶稣会士庞迪我著述集》，金国平、罗慧玲、蒋薇译，广东人民出版社2019年版，第528页。
② [英]谢立山：《华西三年：三入四川、贵州与云南行纪》，韩华译，中华书局2019年版，第49页。

之好"①,也是老乡见老乡、两眼泪汪汪的意思。

其次是焦虑。唐僧义净到了印度,和无行禅师同游鹫峰,"遐眺乡关,无任殷忧"②,说的正是焦虑担忧。英国人阿绮波德也说:"不管怎样,我的孤寂感日渐强烈,特别是在中国居住的这段日子。是因为中国人不擅于表达情感?是因为他们缺乏同情心?或因为他们与我们有着完全相异的文明基础?反正在中国呆了一年以上的欧洲人,都感觉在受罪。有些人发了疯,而所有人都变得有些古怪。……而更让人心灰意冷的却是一股抑郁感,这感觉,女人更难以承受。……传教士的生活,就是努力为他人着想,因此他们受的考验也更为严峻。我认识的其他一些人,来到中国后唯一做的事就是数天数。'每过一天,就可以早一天离开!'其实他们压根不知哪一天才能离开。"③ 焦虑源自不确定性,周遭环境的

---

① (唐)义净:《大唐西域求法高僧传校注》,王邦维校注,中华书局2020年版,第44页。
② (唐)义净:《大唐西域求法高僧传校注》,王邦维校注,中华书局2020年版,第212页。
③ [英]阿绮波德·立德:《亲密接触中国——我眼中的中国人》,杨柏、冯冬、周素平译,南京出版社2008年版,第39—40页。

不确定性、未来的不可把握。这种遥遥无期、漫无边际的等待，实在是煎熬、焦灼。

最后是思乡。《水经注》记载："禹娶涂山氏女，思恋本国，筑台以望之。"① 这就是思乡，遥望故乡。

哥伦比亚人唐可·阿尔梅洛在中国待了三年，他是这么说的："其实事情明摆着：活儿我都干完了，眼下正期待着回到亲人的身边，过上一种惬意而平静的生活。我在中国度过了3年的时光，3年中间，我的心无时无刻不在受到困扰和煎熬，而从来没有享受丝毫的乐趣，没有得到一次安慰。现在我已经是心神俱疲，努力不下去了。人在亚洲，又能学到点儿什么呢？这里的人，除了做买卖搞交易，一天到晚算计着贪点小便宜，别的什么也不想。在中国，没有提供给心智和灵魂的食粮，智慧与理性都不见了，而小人心市侩气则是日盛一日。……赶紧走吧，好尽早拥抱自己的家人，重逢故友，回到

---

① （北魏）郦道元：《水经注校证》，陈桥驿校证，中华书局2007年版，第169页。

文明的生活里!"① 思乡是对当下生疏境况的逃避，是对过往美好足迹的追忆。乡愁浓厚，归心似箭。俗话说，不出国，不知道自己有多爱国。再加一句，不出国，不知道自己有多想念家乡，有多爱家乡。

文化休克会不会死人？如果讳疾忌医，或者放任不管，继续发展，严重的，可能会得抑郁症，可能会让人发疯，会死人。

春秋战国时期的吴王阖闾（对，就是后来鼎鼎有名的吴王夫差的爷爷）和伍子胥等人"复谋伐齐"，齐国一害怕，赶紧把公主送到吴国作为人质。阖闾就让太子波顺便娶了这个齐国公主为妻。"女少，思齐，日夜号泣，因乃为病。"作为家公的吴王阖闾心想，齐国公主也就是自己的儿媳这是思乡呀，赶紧修了一道"北门"，叫"望齐门"，让齐国公主"往游其上"，登高北望，以解思乡之苦。这能有什么用呢？"女思不止，病日益甚，乃至殂落。"殂落就是死了。遵照齐国公主的遗愿"必葬我于虞山之

---

① ［哥伦比亚］唐可·阿尔梅洛：《穿过鸦片的硝烟》，郑柯军译，北京图书馆出版社2006年版，第262页。

巅,以望齐国","阖闾伤之,正如其言"。齐国公主下葬之时,没想到阖闾的"太子亦病而死"。①哎,夫妻情深啊。

汉武帝元封年间,也就是公元前110年至公元前105年间,皇帝为了联合乌孙、抗击匈奴,实行和亲政策,把公主嫁给乌孙王。汉武帝当然没那么笨,把自己的亲女儿、真正的公主(比如卫长公主)远嫁出去。当时江都王刘建谋反不成,自杀了。刘建的女儿细君因为年幼,幸免于难。细君是罪臣的女儿,"细君无宠",就作为"公主","故嫁外国"。那时的乌孙王昆莫垂垂老矣、行将就木,细君嫁给他,相当于爷孙恋。细君心里肯定难受,加上语言不通,细君公主悲愁无边。昆莫将死,竟然让他的孙儿岑陬娶细君公主为妻,让人瞠目结舌、惊掉下巴。"公主不听,上书言状",立马向娘家人求救,给汉武帝写信投诉。皇帝回复说:"从其国俗,欲与乌孙共灭胡。"意思是要公主以大局为

---

① (后汉)赵晔:《吴越春秋辑校汇考》,周生春辑校汇考,中华书局2019年版,第48页。

重、以国家利益为重，忍住。细君公主被牺牲，作为爷爷的昆莫还没死，作为孙儿的岑陬就娶了细君公主。二人生下一个女儿，名叫少夫。这叫什么事？！即便换做现在的人，也受不了。细君公主在乌孙四五年就死了。细君公主思乡、愁苦、抑郁的情绪，在其悲歌中可见一斑："吾家嫁我兮天一方，远托异国兮乌孙王。穹庐为室兮旃为墙，以肉为食兮酪为浆。居常土思兮心内伤，愿为黄鹄兮归故乡。"①

北魏宋云受皇太后胡充华的派遣，和沙门法力、惠生（又叫慧生），出使西域"访求佛经"。"王城西南五百里有善持山，甘泉美果，见于经纪。山谷和暖，草木冬青。当时太簇御辰，温炽已扇，鸟鸣春树，蝶舞花丛。宋云远在绝域，因瞩此芳景，归怀之思，独轸中肠，遂动旧疹，缠绵经月，得婆罗门咒，然后平善。"② 真是睹物伤春、思乡不已，竟

---

① （清）徐松：《汉书西域传补注》，朱玉麟整理，见《西域水道记（外二种）》，中华书局2005年版，第459页。
② 《宋云行纪》，见杨建新主编《古西行纪选注》，宁夏人民出版社1987年版，第51页。

至于病了一个月。

《大唐西域求法高僧传》记载，京师（当时的长安，今西安）人末底僧诃（师子慧）和师鞭法师同往印度求法，走到"中土"，住在信者寺，"思还故里"，回国途中，"遇患身死，年四十余"。同为京师人的玄会法师，一路游历到印度的大觉寺，也是"少携经教，思返故居"，回国途中"不幸而卒，春秋仅过而立矣"。① 唐僧悟空（对，就是《西游记》孙悟空的原型，不过他俗姓车，名叫奉朝）曾经是唐朝政府的一个下级官员，唐玄宗时，随中使张韬光出使西域，半路生病，回不了国，留在犍陀罗国。在那边三四十年，没什么事做，"如是往来遍寻圣迹，与《大唐西域记》说无少差殊。思恋圣朝、本生父母、内外戚属，焚灼其心，念鞠育恩深，昊天罔极，发愿归国，瞻觐君亲"。② 作为一个下级官员，皇帝应该是不认识他

---

① （唐）义净：《大唐西域求法高僧传校注》，王邦维校注，中华书局 2020 年版，第 64—65 页。
② 《悟空入竺记》，见杨建新主编《古西行纪选注》，宁夏人民出版社 1987 年版，第 124 页。

的，所以他所谓"思恋圣朝""瞻觐君亲"应该是表面文章，说说而已。真正思念的是父母、家乡、"内外戚属"，以至于"焚灼其心"，真是心如刀绞、心焚如火。

文化休克是病，得治。

治病，得先找到病因。

文化休克的原因很复杂，但根本的是原先习以为常的生活场景、人情世故、价值观念、社会符号、话语体系都发生了改变。"他感觉自己离开了国内的组织及娱乐设施，日常所接触到的积极的繁忙世界所带给自己的刺激和兴奋感也不存在了。他也许会发现，自己的合作对象并不像在故乡一样，能以意气相投为基础，建立热情温暖、深信不疑的亲密依恋关系。他会发现，语言也许很令人头疼，与土著的交往也令人烦恼和痛苦。"[①]

文化休克也不是一无是处。如果自己能够认识到这一点，从心理上慢慢去克服，或者能够得到亲

[①] ［美］倪维思（John Livingstone Nevius）：《中国与中国人》，张勇译，新华出版社2014年版，第202页。

友的帮助,得到当地人的支持,过了这个"坎",也就没事了,反倒成为新文化人、双文化人乃至多文化人,会在新的环境中游刃有余,和"在家里"一样,如鱼得水。

"文化休克"会不会死人？

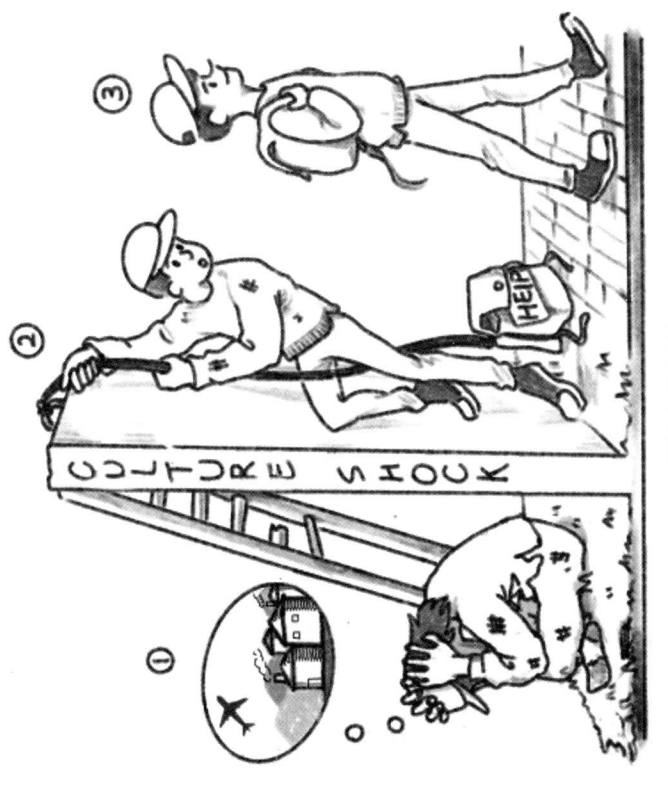

跨过文化休克

鸡同鸭讲？

除非使用手语、旗语或身体语言等，指指点点、比比划划，跨文化交流，首先面临的一个大问题是语言文字。

先说语言交流。

美国人何天爵在华时，到花市去买花。中国老花匠卖的紫罗兰，两文钱一束。何天爵是聪明人，多了个心眼，站在外围，仔细观察中国人热热闹闹地购买。随后挤了进去，打着手势问价。"三十六文钱一束！老花匠脱口而出，一点也不犹豫。'你真是个强盗，'我很气愤，'你管别人要两文钱，而对我的出价，却是别人的十八倍。''噢，'他说道，'原来您会说中国话啊！不好意思，刚才我不知道。好吧，就像对待中国人一样，我给您算两文钱一束。'"①看看，懂当地的语言，有看得见的实惠啊，有直接的获得感和幸福感。

懂当地的语言，当地人认为你也懂当地的人情世故和文化密码，一般不会把你当作"老外"，而是当作自己人，甚至当作朋友。

英国人戴德生清末时在广东，遇见一个商人，与戴德生同行的"宾先生用广东话和他谈话。这位先生见有外国人能以自己的方言和他说话，感到非常高兴，结果与我们成为朋友，并且为我们找到一个住处"。要知道，那时的"广东人对外国人的憎恨和鄙视，简直刻骨铭心。'洋鬼'、'洋狗'或'洋猪'乃是最常见的称谓"。② 不知所以的老百姓被清政府煽动起来，正群情激奋地"一致对外"呢。

语言不通，简直鸡同鸭讲。1727年1月26日，

---

① ［美］何天爵：《本色中国人》，冯岩译，译林出版社2016年版，第209页。
② ［英］戴德生：《带着爱来中国》，陆中石译，人民日报出版社2004年版，第125页。

农历正月初四，康熙皇帝召见在华传教士。谈话间，康熙谈到黄河。黄河历来很"黄"，泥沙俱下，浑浊不堪，"跳进黄河洗不清"。那年的黄河却清澈透明，有如水晶。黄河变清是千年一遇的大事、好事，中国学者称之为"黄河清"，康熙称之为"河清"。奴才们自然奴才相十足，阿谀谄媚，借机大肆奉承吹捧，将它归功于皇上的勇武谋略和英明治理，一个个争先恐后地向皇上热烈祝贺起来。这么有"文化内涵"的谈话，在座的传教士老外们自然云里雾里，状况不明，把"清"听成了"星"，竟然和康熙同学探讨起星象来，完全不在一个频道上。① 拍马屁不精准、不及时、不热烈、不持久，也是相当尴尬的一件事情喔。

"3天前他们到了一个村庄，准备歇息一下。因为天气太热，他们想喝些冰冻香槟以醒神。赫德能够说流利的中国语，他问旅馆的店主是否可以给他找些冰（ping），店主说完全没有问题，于是赫德等

---

① ［捷克］严嘉乐：《中国来信（1716—1735）》，丛林、李梅译，大象出版社2002年版，第60—61页。

感到非常愉快。他们旅途劳累,疲倦十分,舌敝唇焦地盼望了半个小时,希望可爱的冰早些时候到来。最后一个店小二出现,捧来了一个热气腾腾的烧饼。原来赫德把'冰'说成了'饼',就像艾德坚先生把'山芋'说成了'鳝鱼'一样,一声之转,变成了另一样东西。"①

说话间,隐藏着文化密码。实在听不懂的,只能哼哼哈哈、打哈哈了。"途中我们一如既往地向行人问路:这里离驿站远不远?这条路通向哪里?等等。他们要么高傲地望着我们,有时还同情地笑笑,一言不发,要么叽里咕噜说一通,让人摸不着头脑。后来我们才知道,这样简单直接地向别人发问是非常不礼貌的。首先应该恭敬地向他问好,尊称他为大叔,礼貌得体地请他借光,必要时还要下马,然后才能提问。如若不然,对方就会默不作答,或冷言相对。也有一些机灵的人可能看出我们是外国人的缘故,不谙礼节,就原谅了我们的无知。或者他

---

① [英]芮尼:《北京与北京人》,李绍明译,国家图书馆出版社2008年版,第136页。

们根本就不明白我们的问题,想和我们说清楚,而我们什么也听不懂,只能给予对方令人愉快的微笑、意味深长的摇头和不表达任何意思的哼哈声,那声音很像茶饮烧开后发出的声响。"① 这就不单是语言不通的问题了,还有礼节的因素在其中。

中华之帝国幅员辽阔,方言众多,对中国人来说,到一个新的方言区,也突然懵懂,不知所云。这种情况下,外国人需要不止一个翻译。"语言在中国是个很大的问题,在南方,这种语言上的障碍体现得最突出。我不得不请了两个翻译,一个负责把我的话翻译成中国官话,另一个则负责将官话再翻译成奇特的厦门话。"②

翻译并不完全靠得住。英国的马戛尔尼使团使华,副使斯当东记载,乾隆皇帝对使团带来的望远镜、派克氏透光镜、安装有110门大炮的皇家号军舰模型等"贡品"饶有兴致,左右端详,上下打

---

① [俄]叶·科瓦列夫斯基:《窥视紫禁城》,阎国栋译,北京图书馆出版社2004年版,第103—104页。
② [英]阿绮波德·立德:《穿蓝色长袍的国度》,陈美锦译,译林出版社2014年版,第181页。

量,竟和在场帮助安装的使团工作人员拉起家常,详细询问,并不时插话。这些专业性极强的术语,对翻译人员的水平是巨大的考验,作为"临时工"翻译的设备安装人员,疲于应付,皇帝的兴致顿时大减,以至于斯当东认为,"皇帝同特使直接谈话的次数不多的原因,并不是由于礼节上的限制,也不是由于皇帝对欧洲事务不关心,而完全是翻译上的麻烦,使谈话无法正常进行"。[①] 斯当东把中英第一次面对面的外交失败,完全归结于翻译问题。回过头来看,这次外交失败,语言问题固然不是最核心的原因,却也是一个重要原因。

再说文字交流。

"当我们坐在外面的原木上,喝茶吃煮鸡蛋,一群男人和孩子集聚围在我们周围,他们中间有一位老绅士极力想和我们交谈,直到他发现我们不能说那种语言,于是他按礼仪端出普洱茶给我们打牙祭,普洱茶大受欢迎,然后他接着试图用笔与我们交流,

---

① [英]斯当东:《英使谒见乾隆纪实》,叶笃义译,群言出版社2014年版,第458页。

明显以为我们能够认识汉字,我们只能叹口气,道了谢,然后离开。"① 柯乐洪一行人连日长途跋涉,到达云南通关,翻译到前面安排食宿去了,留下只会讲几句汉语的柯乐洪,他又累又饿,急需找个地方休息一下,他被饥饿激发起来的滔滔手势好像马戏团演员,但毫无用处。一位妇人走过来帮忙,她完全理解了柯乐洪的意思,给了一把条凳让他坐下休息,给他拿来点烟斗的火,还让柯乐洪的朋友去把翻译找回来。"我感觉非常遗憾,多希望我能懂汉语啊!离开时,我只能感激地望了一眼那位妇女。"因此,他强烈建议:"未来的旅行者一定要牢牢记住,一定要自己掌握汉语,或者有一位懂汉语的欧洲同伴。"②

宋代,日本高僧成寻来华,当通事(即翻译)陈咏不在场的时候,与当时的宋人"以纸笔问答","以笔言问法门义、天台义、法华经,重重问答及二

---

① [英]柯乐洪:《横穿克里塞——从广州到曼德勒》,张江南译,云南人民出版社2018年版,第227页。
② [英]柯乐洪:《横穿克里塞——从广州到曼德勒》,张江南译,云南人民出版社2018年版,第463页。

纸"①，说的正是用汉字"交谈"。

明清时期，官府长时间严禁外国人学中文，严禁教外国人中文，违者斩首。英国人马礼逊在广州时，不得不晚上偷偷学习中文，他的中文老师随身携带有剧毒的毒药，一旦被官府发现，可以随时自杀。② 卫三畏在华时，清政府默许外国人学中文，但卫三畏学艺不精，通过自学，官话口语进步不大，只掌握了一些汉字，这些汉字对卫三畏在华行动起到了很好的作用："由于沟通缓慢，我们的交流在一定程度上受到了影响，交流主要通过汉字来进行，因为写下来的汉字双方都能认得。"③ 多亏了"车同轨，书同文，行同伦"这一深谋远虑的举措。

语言和文字都不通，真是"鸡同鸭讲"啊。

---

① ［日］成寻：《新校参天台五台山记》，王丽萍校点，上海古籍出版社2009年版，第654页。又见第19、158、167、187、192、340、625页。

② ［美］亨特：《广州番鬼录 旧中国杂记》，冯树铁、沈正邦译，广东人民出版社2009年版，第66—67页。

③ ［美］卫斐列：《卫三畏生平及书信——一位美国来华传教士的心路历程》，顾钧、江莉译，广西师范大学出版社2004年版，第45页。

跨文化交流的基本向度：关键词讲解

语言不通，简直鸡同鸭讲

为什么你说话总绕圈子：
高语境文化与低语境文化

高语境文化与低语境文化由美国人类学家爱德华·霍尔[①]提出。高语境文化中的人喜欢委婉含蓄绕圈子，低语境文化的人喜欢直奔主题、直截了当。高语境文化倾向于以"非冲突的间接态度"对待矛盾，低语境文化采取直接的态度对待矛盾，有事说事、就事论事，不回避冲突。

下面的例子很好地说明了什么是直奔主题、直

---

① ［美］爱德华·霍尔：《超越文化》，何道宽译，北京大学出版社2010年版。

截了当的表达。英国军医戈登 1860—1861 年在中国,他是这样描述英国部队的配给的①:

库存物品	(单位)	1860 年 12 月	(单位)	1861 年 3 月 31 日	(单位)	需求
麦芽酒	打	915	打	574	打	400
黑啤酒	打	115	打	—	打	200
波特酒	打	420	打	339	打	100
雪利酒	打	31	打	31	打	—
白兰地	打	46	打	82	打	
香槟	品脱	16	品脱	16	打	50
牛奶	品脱	18800	品脱	2374	加仑	3500
糖	磅	4863	磅	1548	英担	50
茶	磅	684	磅	245	磅	800
牛蹄冻	打	29	打	10	打	60
葛根	磅	792	磅	577	磅	168
肥皂	磅	962	磅	679	磅	560
软肥皂(每桶 32 磅)	磅	63	每桶 32 磅	60	磅	—
马铃薯种薯	磅	241	磅	—	磅	
芥末	磅	354	磅	347	磅	—

---

① [英]查尔斯·亚历山大·戈登:《一个英国军医的中国观察实录》,孙庆祥、计莹芸译,学林出版社 2018 年版,第 295—296 页。

续表

库存物品	(单位)	1860年12月	(单位)	1861年3月31日	(单位)	需求
盐	磅	423	磅	5	英担	10
西米	磅	200	磅	841	磅	168
牛肉香精(1/4磅每罐)	罐	4881	罐	3660		—
罐头肉	磅	6019	磅	6019	磅	
罐头汤	磅	405	磅	—	磅	
罐头蔬菜	磅	668	磅	—	磅	
苏打	磅	700	磅	6	磅	
珍珠灰	磅	700	磅	5	磅	
燕麦片	磅	308	磅	224	磅	—
咖啡	磅	140	磅	99	磅	50
醋	打	8	打	6	打	10
柠檬水	打	52	打	28	打	500
苏打水	打	132	打	159	打	500
杜松子酒	打	—	打	4	打	—
开普敦红酒、奎宁	管	10	管	10	打	—
大麦	磅	1453	磅	128	英担	22
黄油	磅	10 1/2	磅	10 1/2	磅	—
蜡烛	磅	1458	磅	104	磅	500
开罐刀	把	26	把	26		—

续表

库存物品	(单位)	1860年12月	(单位)	1861年3月31日	(单位)	需求
青柠汁	品脱	401	品脱	209	品脱	540
可可牛奶罐头	品脱	220	品脱	582		—
罐装禽类	个	364	个	364		—
大米	磅	360	磅	30		—
浓缩鸡蛋	磅	26	磅	26		—
面粉	磅	111	磅	6		—
菜籽油		—		—	加仑	100
胡椒	磅	78	磅	78		—

作为一个专业化程度极高的军医，戈登的工作不止于此。他还非常关心一些"鸡毛蒜皮的小事"，比如士兵在晚上上厕所。英军驻扎在天津，天津的冬天非常寒冷，温度可能降到华氏0度（约零下18摄氏度），士兵们晚上起来上厕所需要走到室外，要走30码（约27米）的距离。士兵们没有时间也不可能穿暖和了再去上厕所，如果任其这样就冲进刺骨的寒风中，在厕所里瑟瑟发抖几分钟，然后跑回营房，哆哆嗦嗦地钻进被窝，"通常1个小时也暖和不起来，有时候要更久"。戈登的结论是说服管理部门，允许士兵们把尿盆放在营房里，但第二天必须

仔细清理干净,以防细菌传染疾病。

清军呢?每月的军饷都不能按时足额发放,"拖欠工资"。各类军需品有哪些?数量是多少?两个字:若干。清军与英军的差距不是一点点,简直是云泥之别。

法国人武尔士举了这样一个例子。一个中国人去拜访主人,首先会上一杯茶,之后,仆人会端来一些甜酒、糕点、水果等。但是,他们的谈话从说一些客套话开始,然后谈一些无聊的话题。其实此行的目的才是重要的话题,但他们不会一开始就提起。"只有到了最后关头,好像是一下子想起来,对方才会跟你谈起严肃的事情,这才是你此行的本意。"①

因此,英国人麦高温认为:"中国人似乎从来就不明白语言之所以存在,就是为了让人们用最明了的手法来表达意图。在他们看来,语言更像是一个可以运东西的容器,要想知道到底表达了什么,要

---

① [法]武尔士:《长江激流行——法国炮舰首航长江上游》,曹娅、赵文希译,重庆出版社2019年版,第87页。

抽丝剥茧才行。"① 类似于中国女人所喜欢的"猜心",女人心、海底针,这种"山路十八弯"迂回曲折的表达方式,让老外很是抓狂。

高语境文化倾向于以"非冲突的间接态度"对待矛盾,低语境文化采取直接的态度对待矛盾,有事说事、就事论事,不回避冲突。

英国人麦高温讲了一个他在中国时的故事。有一个素不相识的中国人,拎了一篮子鸡蛋,很随意地走进他的书房,对麦高温嘘寒问暖,仿佛二人是老朋友,并请麦高温务必收下这一篮子鸡蛋。麦高温觉得自己无功不受禄,自然百般推辞。来人只说麦高温德高望重,大家都很敬重他,所以特意拿鸡蛋来孝敬他。漫无边际、天马行空地和麦高温聊了一个小时,直到麦高温要去赴其他人的约,"他才吞吞吐吐地说他和村子里的某些人有些矛盾,因为知道我很有些影响力,所以请我帮他个忙。真相大白了,那篮鸡蛋以及天南地北地聊了一个小时绕来绕

---

① [英]麦高温:《多面中国人》,贾宁译,译林出版社2017年第2版,第262页。

去就是为了他这件重要的事"。①

高语境文化与低语境文化的形成原因是什么？高语境文化的人以"集体主义"价值观为导向，更注重"我们""我们的利益"；习惯把自己的真实感情包裹起来；语言表达更朦胧、更多言外之意。相反，低语境文化的人以"个人主义"价值观为导向，更注重"我""我的利益"；习惯直白明确地表达自己的想法；语言的逻辑性、分析性强，语言与意义之间没有更多的"外衣"或"阻隔"。

高语境文化或者低语境文化并无优劣之分。"这当然不是盎格鲁—撒克逊人的直截了当，也未必是最好的方式，但这就是中国人的方式，它基于数千年的人生体验，因而至少有权力得到尊重。"② 文化特性使之然也。

---

① ［英］约翰·麦高恩：《近代中国人的生活掠影》，李征、吕琴译，南京出版社 2009 年版，第 3 页。
② ［美］柏生士：《一位美国工程师的中国行纪》，余静娴译，商务印书馆、中国旅游出版社 2017 年版，第 81 页。

跨文化交流的基本向度：关键词讲解

高语境文化与低语境文化

好奇心：文化差异与文化距离

有些文化是相同的，有些文化是相似的，有些文化很不相同，文化具有多样性。承认文化多样性意味着承认文化差异，文化就好像地域一样，文化之间也有"远近"，也有"距离"。比如去新加坡旅游，不会说英语，好像问题也不大；去周边的越南、泰国、韩国、柬埔寨、马来西亚，好像也能混下去；再去欧美，"距离"就大了。这不单指地理上的距离，还指文化上的距离，进而造成心理上的距离，就有点心慌慌。

语言有不同的语系、语族、语支、语种，关系贴近的属于"直系亲属"，关系较远的属于"远房亲戚",更远的,就是陌生人了。文化也一样,有远近亲疏之分。

物以类聚、人以群分,人们趋同同质文化,猎奇异质文化,忽略灰色地带的文化。

同质文化习以为常,见怪不怪,往往被遮蔽了。灰色地带的文化介于同质文化与异质文化之间,差异不显著,容易被忽略。

异质文化就不一样,与自己熟悉的母文化区别明显,往往引发好奇心。

好奇心首先是"奇",新奇、奇异、奇怪,和母文化不一样;然后是"好",好玩。

最容易引发好奇心的,是那些显而易见的外在事物。比如一个外国人走在明清之际的中国大街上,势必引发围观。中国人怀揣火桶、鸬鹚捕鱼、枕头套那么大的名片,对外国人来说,简直好玩得紧。看人修面、剃头,纯粹出于好奇。围观砍头,那是看热闹不嫌事大。① 神似王宝合的"鬼手"杂技表

---

① [英]哥伯播义:《市井图景里的中国人》,刘犇、邢锋萍译,学林出版社2017年版,第122页。

演也引发好奇。①

马可波罗来华时,对"火浣布"惊叹不已,更被"男人坐月子"惊得目瞪口呆。"妇女产子,洗后裹以襁褓,产妇立起工作,产妇之夫则抱子卧床四十日。卧床期间,受诸亲友贺。其行为如此者,据云:妻任大劳,夫当代其受苦也。"② 女人生孩子,男人坐月子,这样都可以?!

明代马欢多次随郑和下西洋,据他记载,暹罗国"其俗凡事皆是妇人主掌,其国王及下民若有谋议刑罚轻重、买卖一应巨细之事,皆决于妻,其妇人志量果胜于男子"。③ 明代女子奉行"男女有别""大门不出二门不迈"的原则,所以,当马欢看到泰国女子竟然抛头露面、不但"主外"而且"主内"、事无巨细大包大揽时,自然惊讶不已、叹为观止了。

---

① [英]查尔斯·亚历山大·戈登:《一个英国军医的中国观察实录》,孙庆祥、计莹芸译,学林出版社2018年版,第120页。
② [法]沙海昂注:《马可波罗行纪》,冯承钧译,商务印书馆2012年版,第113、267页。
③ (明)马欢:《瀛涯胜览校注》,冯承钧校注,华文出版社2019年版,第19页。

中医把脉也引发好奇。"使节团的医生没有跟随'克拉伦斯'号来,也没有携带药品,只得在岸上请一位中国医生来治疗。这位医生来到之后,也不问病情和病源,庄严地坐在那里用手指按病人的左手脉。首先是用四个指头一齐按下去,以后抬起一个指头,用三个指头按。以后再抬起一个来用两个指头按。最后只用一个指头在病人的手腕上来回按,好像在那里按钢琴的键,一直按到找不到脉搏的地方。在整个按脉时间,医生没有讲一句话,两眼注视,但不是看病人,而是在那里想按在手下的脉象代表着什么病情。"① 在老外看来,这哪里是把脉看病,分明就是弹琴嘛。

皇帝本来就躲在里三层外三层的皇宫里,门都不怎么出,更别提见外国人。传教士庞迪我等一行人刚到北京时,明朝皇帝就很好奇。庞迪我聪明呀,礼多人不怪,还没被接见,就送了一些礼品给皇帝。皇帝从来没见过这么精美的东东(东西),高兴坏

---

① [英]斯当东:《英使谒见乾隆纪实》,叶笃义译,群言出版社2014年版,第239—240页。

了，一件件细细观赏，啧啧称奇，据说特别喜欢庞迪我送的西洋画像和钟表，新鲜玩意儿，没见过嘛。过后，皇帝派太监来问庞迪我家乡的情况，比如：你们那里有没有国王？他穿着什么样？也戴皇冠吗？龙袍上是不是也有龙？皇宫是不是也是黄色？还有一大群嫔妃和宫女？还不够，又派太监来问：你们的国王住什么样的宫殿？又不够，又派太监来问：你们那里的国王死后怎么下葬？还不过瘾，干脆派两个宫廷画师给传教士们画像，终于要看看老外长什么样。[1] 好奇害死猫（皇帝）啊。

文化之间有距离，这个"距离"是可伸缩的。庞迪我和利玛窦一起去到帝都北京，刚开始还挺好奇，慢慢地和中国人厮混熟了，衣食住行都和中国人一模一样，皇帝基本上把外国传教士当作"自己人"，文化距离从"陌生人"转变为"远方亲戚"，近多了。

---

[1] 叶农整理：《耶稣会士庞迪我著述集》，金国平、罗惠玲、蒋薇译，广东人民出版社2019年版，第496—497页。

跨文化交流的基本向度：关键词讲解

文化差距与文化距离

跨文化双向交流

美国人丁韪良在《花甲忆记》中说到一则日本寓言:"从前,有个人带着拖网来到海边,新敌乍现,海里的鱼们惊慌失措。它们召开大会,讨论对策,有的说这,有的说那。蛤蜊说他什么敌人都不怕,只要闭紧甲壳就行。哗!拖网来了,鱼儿们四处奔逃,蛤蜊却舒舒服服地躺着。一片静寂时,蛤蜊小心地探出头来,看到对面墙上写着:'此蛤蜊价二分',才知道他已被卖了。"① 丁韪良讽刺的是清

---

① [美]丁韪良:《花甲忆记》,沈弘、恽文捷、郝田虎译,学林出版社2019年版,第392页。

廷，一味地排外，一味地拒绝交流，直至被撞得粉身碎骨分崩离析。

世界文明多样性、文化多样性是不可否认的现实，文明文化之间的交流不可或缺。单向度的跨文化交流应该被反对，双向甚至多向的跨文化交流应该被倡导。

先看观念上的跨文化双向交流。

意大利传教士利玛窦热爱中华文化，参照儒家学者的模样，完全变成一位"西儒"，可以说，利玛窦深受中华文化的影响。利玛窦在华时，刊刻有史以来中国第一张世界地图"坤舆万国全图"，这份地图以当时西方国家的世界地图为蓝本，改变了将欧洲置于地图中央的格局，而把中国放在地图的中心①，这与我们现在看到的世界地图的格局类似。虽然当时中国人仍然固执地认为"中国"是世界的中心，但这份地图至少改变了中国人的一种错误观念，即世界以中国为最大，只有中国才是文

---

① ［意］利玛窦、金尼阁：《利玛窦中国札记》，何高济、王遵仲、李申译，中华书局2010年版。

明进化的国家,周边四方都是蛮夷,只配来朝贡膜拜中华之帝国。

利玛窦逝世的同一年,即1610年,同为意大利人的艾儒略来华。1623年(明朝天启三年)他用中文编写《职方外纪》一书,由中国学者杨廷筠润色加工,全面介绍包括美洲新大陆、非洲大陆、亚洲远东地区等地理大发现的"世界"地理,再一次彻底修正了中国人的"天方地圆说"、中国是世界的中心等观念,人们进入"面向全世界"的新时代①,原来"世界那么大"!艾儒略在中国获得"西来孔子"的雅称,他能够使用中文进行写作,其受中华文化的影响可想而知。当然,那时的中国并未同时进入"面向全世界"的新时代,而是始终沉睡不醒(怎么笔者想到的是"你永远叫不醒一个装睡的人"?),1782年(清乾隆四十七年)才出现第一个到世界去(谋生)的中国人,即广东人谢清高。②

---

① [意]艾儒略:《职方外纪校释》,谢方校释,中华书局2000年版。

② (清)谢清高口述,杨炳南笔录:《海录校释》,安京校释,商务印书馆、中国旅游出版社2016年版。

直到清末，中华之帝国仍然固守"天子"、"老子天下第一"的陋念，实在病得不轻，但是，西方传教士带来的"全世界"的观念，对中华之帝国的"世界观"不得不说是巨大的冲击。

再看科学技术上的跨文化双向交流。美国人狄考文被称为中国近代科学教育的先驱。他在山东待了四十五年，创办了中国第一所现代意义上的大学，该大学原为登州蒙养学堂（Tengchow School），于1864年建成；1876年改名为登州文会馆（Tengchow Boy's High School）；1884年（一说为1882年）扩建为大学（Shantung College）。后来改名为山东大学堂，之后搬迁至潍县，1902年改名为广文大学（Shantung Union College；即齐鲁大学的前身）。除了教授国学、四书五经、中国历史、《圣经》历史、世界通史外，学校还教授科学通论、物理、数学、生理学、心理学、伦理学等，"学校的目的是……用中西方的知识来全面施教"。刚开始时，"学校还有两间大教室、三间小教室、一个大礼堂、一个物理仪器室、一个化学仪器室以及一个商店和贮藏室。还有一个结实的石制观星台，造价为160

美元"。① 狄考文引入中国的是科学技术，以弥补中国传统教育和科举考试"重文轻理""重文轻武""重思辨轻实践"的不足。这从利玛窦的助手庞迪我记录的、送给中国皇帝的礼品清单可见一斑，包括两座钟表、几面镜子、两块三棱镜（对于外国很普通，但在中国很受欢迎）、一册《万国图志》、一架大西琴、三幅油画像和"一些不甚重要的物件等"。② 后来的洋务运动、五四运动所谓"德先生""赛先生"，科学技术始终是重头戏。有人就要问了，中国在科学技术方面是否对西方乃至世界有影响？答案是肯定的，感兴趣的读者可以参看英国人李约瑟的鸿篇巨制《中国科学技术史》、美国人劳费尔的《中国伊朗编》③，此处不赘述。

最后看日常生活中的跨文化双向交流。④ 唐朝

---

① ［美］丹尼尔·W. 费舍（Daniel W. Fisher）：《狄考文：一位在中国山东生活了四十五年的传教士》，关志远、苗凤波、关志英译，广西师范大学出版社2009年版，第132—134页。

② 叶农整理：《耶稣会士庞迪我著述集》，金国平、罗慧玲、蒋薇译，广东人民出版社2019年版，第488页。

③ ［美］劳费尔：《中国伊朗编》，商务印书馆2015年版。

④ 参见［美］薛爱华《撒马尔罕的金桃：唐代舶来品研究》，社会科学文献出版社2016年版；石云涛《汉代外来文明研究》，中国社会科学出版社2017年版。

号称中国历史上的盛世,高僧鉴真东渡日本,促进了中日之间的文化交流。① 反过来,异域文化也对盛世大唐产生积极影响。著名历史学家、敦煌学家向达在《唐代长安与西域文明》一文中,条分缕析了自西域传入中土大唐的西市、胡店、绘画、乐舞、打毯、新宗教等,对在唐朝首都长安的西域人群,如使节、商人、胡姬等进行勾画,铺陈西域文明对唐朝文化广泛而深刻的影响。例如,李白的诗《前有樽酒行》:"琴奏龙门之绿桐,玉壶美酒清若空。催弦拂柱与君饮,看朱成碧颜始红。胡姬貌如花,当垆笑春风。笑春风,舞罗衣,君今不醉将安归!"《少年行》:"五陵年少金市东,银鞍白马度春风。落花踏尽游何处,笑入胡姬酒肆中。"其中的"胡姬",指的就是从西域来到长安、在胡店酒肆中"侍酒"的"西胡"女子。②

从语言的角度看,跨文化双向交流的影响也颇

---

① [日]真人元开:《鉴真和尚东征传》,梁明院校注,商务印书馆、中国旅游出版社2016年版。
② 向达:《唐代长安与西域文明》,商务印书馆2015年版,第4—131页。

大，洋泾浜语、"广东英语"①、明代云南土著民族汉语②等都是明证。而汉语对周边国家的语言文字的影响，可以从越南、韩国、日本等汉字文化圈国家找到历史的印记。

由此可见，在跨文化交流中，贯穿始终的是双向的交流，而不是单向度的交流。强势文化有弱势的方面，有弱势的时候；弱势文化有强势的方面，有强势的时候。并不总是强势文化影响弱势文化③，弱势文化，尤其是弱势文化中的强势方面也能在一定程度上影响强势文化。④ 这使得跨文化双向交流变得可能而必要，二者形成互补。

跨文化交流，一个"流"字，太容易让人想到"流水"，从高到低，从一头到另一头，单面向、不

---

① ［美］亨特：《广州番鬼录　旧中国杂记》，冯树铁、沈正邦译，广东人民出版社2009年版，第66—70页。
② 杨瑞鲲、王渝光：《论云南汉语方言源于明代土著民族汉语》，《学术探索》2015年第3期。
③ 参见陈垣《元西域人华化考》，中华书局2016年版；冯承钧《唐代华化蕃胡考》，《冯承钧西北史地论集》，中国国际广播出版社2013年版，第114—142页；冯承钧《中国南洋交通史》，商务印书馆2011年版。
④ 参见张星烺《欧化东渐史》，商务印书馆2015年版。

可逆。其实,古代的"交通"一词更胜一筹,相"交"而"通","交"者,交往、交互、交汇;"通"者,沟通、联通、畅通。"中外交通",来而无往非礼也,说的正是跨文化的双向交流。

跨文化双向交流

击剑

罗汉拳

柔术

"截拳道"融合世界多种拳术而成，是跨文化交流的典范

拳击

泰拳

合气道

咏春

空手道

跨文化双向交流

· 69 ·

"如果我是你,我会怎么样?"

换位思考,说起来其实很简单:"如果我是你,我会怎么样?"比如下面的这个例子。

"当我出其不意地来到他们的小村子,他们总是感到非常惊奇。读者们如果换位思考一下,就很容易理解这一点了,假如有一个中国人突然闯入到苏格兰高地或威尔士某个偏僻的村子里来,这种从未有过的景象给村民们带来的又会是何等的惊讶与震动呢?"① 英国人福琼对中国人对他进行集体围观,

---

① ［英］罗伯特·福琼:《两访中国茶乡》,敖雪岗译,江苏人民出版社2016年版,第114页;参见［哥伦比亚］唐可·阿尔梅洛《穿过鸦片的硝烟》,郑柯军译,北京图书馆出版社2006年（转下页）

表示完全理解、可以接受。

知易行难。真正做到换位思考,并不容易。中国人和西方人交流相处的时候,因为"双方的思维方式、价值观念、教育体系和内容,都各不相同,因此在交往的过程中,各方都应该站在对方的立场上考虑问题,彼此之间怀有宽容,并保持适当的自由空间,以供对方回旋"。[1] 这对换位思考提出了具体要求。

(接上页)版,第121页,"如果换了在波哥大,皇家大街上冷不丁出现一个中国人,头发梳成长辫子又披着一件拖地的长袍,效果又会是什么两样?八成是在'怪物来了'的惊呼声中,我倒霉的故乡头顶'共和国的容忍心'的口号,'民主'而'自由'地炸了锅了。"[德]费迪南德·冯·李希霍芬、[德]E.蒂森选编《李希霍芬中国旅行日记》,李岩、王彦会译,商务印书馆2018年版,第119—120页,"有一次我在深山里考察,那里的人就以为我是山鬼。想想看,如果住在阿尔卑斯山上的欧洲人突然在山上看到一个中国人的话,恐怕也得这么想。有一次我就遇到了这样的事情,那是在弗拉尔堡(译者注:Vorarlberg,奥地利西部),一个村子的人都拿着棍子追我,因为有个老太太跟他们说,她在山上看到一个魔鬼在那里到处敲石头,其实那是我在找化石呢。"[美]倪维思《中国与中国人》,张勇译,新华出版社2014年版,第213页,"不难想象在我们美国一处静寂的内陆小镇或村庄,如果人们得到通知,说有两个中国人,显然是受过教育的绅士,身着他们自己的民族服装,准备在公共广场向众人发表长篇大论,将会产生什么效果。"

[1] [美]何天爵:《本色中国人》,冯岩译,译林出版社2016年版,第76页。

第一，换位思考需要开放包容的心态，不要有成见和先入之见，不要将自己的标准强加给异文化。俄国人瓦·米·阿列克谢耶夫在谈到中俄戏剧的差异时说，一个没有受过歌剧熏陶的中国人，很难欣赏俄罗斯程式化的帷幕、化装、假声、旁白、芭蕾舞动作等。俄罗斯人欣赏起来没有障碍，是因为自己"习以为常"，深处"程式"之中而不自觉。同样，"我们之所以很难接受中国戏曲，首先是因为我们总是用自己的准绳去衡量它，不由自主地将它的各个方面同自己的戏剧进行比较。我们不应该这样做（因为在品尝中国香茗时，不能加糖，也不能吃小面包）。不应将不可比的东西放在一起较短论长，不应将两个完全不同的加数合计成一个总数"。"我们看到了什么并不重要，重要的是中国人看到了什么。我们只有在弄懂中国人为何陶醉于我们感到窘困的事物后，才可以做出自己的判断。"[①] 可以说，阿列克谢耶夫的跨文化心态就很好，很开放，很包

---

① ［俄］瓦·米·阿列克谢耶夫：《1907 中国纪行》，阎国栋译，云南人民出版社 2016 年版，第 33—34 页。

容。这就要求暂缓判断,不要轻易下结论。

第二,换位思考需要承认自己认知有限甚至无知。世界浩瀚,知识无边,人们对异文化的了解理解势必非常有限。阿列克谢耶夫说,国外有关俄国的消息大概只有以下这些:那里非常寒冷,人们在街上牵着狗熊,都喝伏特加,吃鱼子酱,穿高高的靴子和红色衬衣,用一种完全不可思议的器皿(不知道叫茶饮,但听说过此物)喝茶。"两国居民在对于对方民族的无知和不理解方面完全相同。"[①] 试问,今天有多少包括笔者在内的中国人,对俄罗斯仍然抱有100多年前的看法?就好像我们很多人都以为,云南人家家养孔雀,孩童骑大象上学;蒙古族人家家住蒙古包,挤马奶羊奶,喝酥油茶,没事射射箭,骑着马上学。

不同文化接触、交流产生这个问题,首先在于"目盲",看不清自己,不知道自己认知有限,更看不清对方,对对方无知,"无知于自己的无知"。其

---

① [俄]瓦·米·阿列克谢耶夫:《1907中国纪行》,阎国栋译,云南人民出版社2016年版,第122页。

次在于交流的"双方都过于高估自己……这是人类本性中的普遍倾向"。①

承认自己视野的局限性,为了解异文化创造可能,为双向视角甚至多向视角看待异文化创造可能。

第三,换位思考需要双向视角甚至多向视角。美国工程师柏生士从实用主义的角度举例说,美国一家生产螺钉的大公司接到一份来自中国的试验性订单,订单份额为5000美元,订单通过海底电报传到该公司。中方对螺钉的包装方式有特殊的要求,即使用蓝色包装纸包装,以符合当地人的购买习惯。但这家美国公司回复电报说,他们公司一贯使用棕色包装纸包装,不能做任何改变。中国人的这个订单自然转到德国公司去了。柏生士还发现,中国铁匠打造的刀、斧等工具,较为粗糙,打造完成后,在后头装上一个把柄就算完成,美国制造商注意到"中国市场需要小而轻的、而非大而重的机械。换言之,美国商品首先必须能够吸引中国现有的手工业

---

① [美] 倪维思:《中国与中国人》,张勇译,新华出版社2014年版,第176页。

者，而非以未来才会出现的工厂里工人的需求为目标。美国制造的工具应该结构简单、易于操作并性能良好，并不必像我们为了省力的机械装置"。① 因此，他建议对中国人的语言、习俗、嗜好、习惯、民族习性和商品的等级、质量等进行仔细而明智的研究。这就是很好的双向视角。

美国公使夫人康格夫人把中华之帝国的复杂体制比喻为一座钟，这座钟有自己各司其职、分工协作的齿轮，外国人不需要强行干涉，试图更换其中的齿轮。中国是中国人的中国，她是独立的，从来不希望外国人站在她的土地上，对她进行威逼利诱，瓜分她的财产，要求服从列强，加入列强的行列，这是"多么奇怪的要求啊"！"首先，让我们尽可能地站在他们的立场上看问题，就像从我们自己的立场上看问题一样。"康格夫人把中国的国情、民族习性比作一粒种子："每个国家在自己的土壤内都播下了一粒思想的种子，然后她培育这粒种子，为它浇

---

① ［美］柏生士：《一位美国工程师的中国行纪》，余静娴译，商务印书馆、中国旅游出版社2017年版，第109页。

灌，为它指引生长方向，自始至终小心呵护着它。一旦其他国家踏入她的领土，多此一举地替她再浇水，在不必要的地方修枝剪叶，然后——如果有果实的话——再把果实攫为己有，她就会反抗斗争。为什么不能让中国自己去种植、培育、浇灌、修剪，然后获取自己的丰收成果呢？"①

其实，孔子早就阐释过"换位思考"：从消极的角度来说是"己所不欲，勿施于人"；从积极的角度来说是"己欲立而立人，己欲达而达人"。老祖宗的智慧遥遥领先，不服不行。

---

① ［美］萨拉·康格：《北京信札——特别是关于慈禧太后和中国妇女》，沈春蕾、孙月玲、袁煜、綦亮译，南京出版社2006年版，第240、308页。

"我"与"他"

"以己度物"是人们认识外物的起点,以此消除对陌生事物和不确定性的焦虑,将其"收入囊中",收入自己熟知的类别之中。"以己度物"更进一步,那些与自己熟知事物相同或者类似的事物,因为归于熟知事物"这一类",所以更加熟知,更加可以把握;那些与自己熟知事物相异的事物,更加分离,更加游离不定。

分离导致"分类"。"分类"是人类认知世界万物的一条捷径,即在纷繁复杂多变的事物中,找到事物的某些共同点,进行简化,把它们归为一类,使之符合头脑中已有的图式,便于辨识、记忆,对之采取行动。分类是语言和思想的基础,人们通过

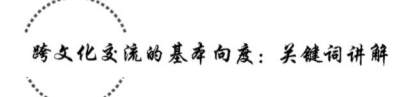

分类学习知识。

美国人亨特在论及中国"公学"教育时说："指导他们学习的，很自然，是与西方完全相反的体系；否则他们就不称其为中国人了。中国人的所有风俗习惯都是与地球的另外那部分逆反的。"①

哥伦比亚人唐可·阿尔梅洛则认为，中国人"全身从头到脚、从里到外都显示出一个完全自成一派的生物，一种真正有别于其他类型的人种。我们接下来观察他的服饰，一件一件地拿来同我们的穿着做比较。中国人不戴帽子，无论居家过日子还是出门上街，走到哪儿都不戴，脑袋永远敞着；而我们戴着各种类型、各种式样的帽子。中国人不打领结，脖子永远裸着；而我们总在颈部系一个物件。中国人不穿衬衫；而我们穿好几件，一种穿里面，一种穿外面。中国人的穿着，不论东西南北皆大同小异，就是上身一件披风或者斗篷，下身一条宽大的裤子，一点也不贴身；而我们的衣裳剪裁和形制

---

① ［美］亨特：《广州番鬼录　旧中国杂记》，冯树铁、沈正邦译，广东人民出版社2009年版，第325页。

多种多样。……若是中国人写起信来,通篇的样制与我们的写法不折不扣两回事儿。他们不是横着写,而是竖着写;起头之处在最后一页的最后一排,结果是信函全都得从后面往前读,结尾落在头一页左边的最后一排,也就是通常我们开始写信的地方。在用中国字写的作品或者书籍里,结尾都位于开头,而在最后一页上,则是题跋或者作品的名字"。①

陌生的,就是和自己熟知的文化不一样的,那么就是"他的/他们的",就是异族、异类、异端,就是不确定的,就是充满危险的,因而就是错的,必须反对的。

在谈到基督教教义与中国的祖先崇拜、尊崇孔子相矛盾("中国礼仪之争")时,清末皇帝溥仪的老师、英国人庄士敦认为,这种想法"为一句古老的俗语做出了注解:'正统是我的教义,异端是你的教义。'换句话说就是:'如果你同意我,你是正确的,如果你不同意,你就是错的!'"②"中国礼仪之

---

① [哥伦比亚]唐可·阿尔梅洛:《穿过鸦片的硝烟》,郑柯军译,北京图书馆出版社2006年版,第162—164页。
② [英]庄士敦:《狮龙共舞:一个英国人笔下的威海卫与中国传统文化》,刘木森译,江苏人民出版社2014年版,第236页。

争"这场"嘴仗"闹腾三百多年,以至于把中国皇帝和罗马教皇也卷入进来,其核心在于,要么信奉基督教教义,放弃祖先崇拜、尊崇孔子等思想;要么祖先崇拜、尊崇孔子,放弃基督教教义。这让深处中国文化包围圈的在华传教士们里外不是人:向左,得罪近在眼前的中国皇帝;向右,得罪远在天边的罗马教皇。

这是一种非黑即白、非此即彼、不是朋友就是敌人的思维方式,强调二元对立,否认中间地带;强调世界为我,否认互惠互利;强调你死我活,否认互生共存。

究其实,这是荷兰批评话语分析家梵·迪克所说的"分类"的意识形态。这种"分类"首先区分"我/我们"与"他/他们"、"我们的"与"他们的"。"我/我们""我们的"是好的、积极的,"他/他们""他们的"是坏的、消极的。[①] 这是一种隐藏在话语、文字、思想中的意识形态。

---

① Teun van Dijk, *Ideology and Discourse: A Multidisciplinary Introduction*, http://www.discourses.org/OldBooks/Teun%20A%20van%20Dijk%20-%20Ideology%20and%20Discourse.pdf, p. 46.

"分类"继续发展，突出强调"我的""我们的"，进一步否定"他的""他们的"，就将导致"我族中心主义"。英国马戛尔尼使团副使斯当东就认为："在欧洲人的眼光看起来，这些画的水平并不算高。中国人画山水花草鸟兽都准确，但就是不会画人。人同人每天见面，人像上的缺点最容易觉察出来。在中国的人像上比例和配景都很差。其次，他们虽然可以正确地画出个别的东西，但如何把许多个别的东西配合画在一起，他们的艺术水平就不够了。"[1]斯当东显然是以欧洲的焦点透视法，来审视、要求中国画的散点透视法，这种比较不在一个话语体系之内，自然牛头不对马嘴，毫无意义。

"我教（宗教）中心主义""我国（国家）中心主义"（民粹主义）是"我族中心主义"在不同领域或者范围的扩大化，都非常需要警惕。

---

[1] ［英］斯当东：《英使谒见乾隆纪实》，叶笃义译，群言出版社2014年版，第418页。又见第450页。

跨文化交流的基本向度：关键词讲解

换位思考

有限认知与错误认知

"不幸的是,对一个遥远的国家,我们总是倾向于走极端,不是把它想象成全然荒芜,就是把它想象成一个富裕的天堂。"① 不管是全然荒芜,还是富裕天堂,都是有限认知甚至错误认知。

英国人曾认为,中国人制造的酱油,其主要原料是蟑螂,因此,酱油在英国不受欢迎。② 笔者猜测,有三个因素促成英国人的错误认知:其一,酱

---

① [英]罗伯特·福琼:《两访中国茶乡》,敖雪岗译,江苏人民出版社2016年版,第151页。
② [英]查尔斯·亚历山大·戈登:《一个英国军医的中国观察实录》,孙庆祥、计莹芸译,学林出版社2018年版,第173页。

油的颜色和蟑螂相同；其二，酱油的味道与英国人所感受的蟑螂的味道相差无几；其三，某个英国人尝试使用酱油时，发现酱油里有一两只不幸的蟑螂毙命其中，漂浮不定。

唐朝时，阿拉伯人苏莱曼来华。据他记载，航行途中，他们在海洋中捕获了一种鱼，这条鱼长二十肘，把鱼肚子剖开，发现里面还有一条同类的小鱼。再把这条小鱼剖开，它肚子里面又有一条同类的、更小的鱼。神奇的是，这些鱼都还活着，还会动。① 按照苏莱曼的说法，这些鱼相当于俄罗斯的套娃：一个最大的，套着一个小的；这个小的，套着一个稍小的；这个稍小的，套着一个更小的；这个更小的，还套着一个更加小的。

据宋代赵汝适记载，东晋刘欣所著的《交州记》说："交阯之人，出南定县，足骨无节，身有毛，卧者更扶始得起。"② 认为广西越南一带的人，

---

① ［阿拉伯］苏莱曼：《苏莱曼东游记》，刘半农、刘小蕙译，华文出版社2013年版，第5页。
② （宋）赵汝适：《诸蕃志校释》，杨博文校释，中华书局2000年版，第408页。

没有关节，躺下去之后，必须有人扶持，才能起来。赵汝适说，自己到达广西钦州之后，并未看见所谓没有关节而且身上有毛的人。

元朝时，意大利人柏朗嘉宾为了应对蒙古人可能的入侵，作为军事间谍，出使蒙古，刺探情报。据他记载："在哈喇契丹人地区，成吉思汗的儿子窝阔台在荣登帝位之后下令筑一城，名为斡密立（Omyl）。在该城以南是一片沙漠大碛，人们一口咬定那里居住有未开化的人，这些蛮夷人没有任何语言，甚至在腿部也没有关节。如果他们不慎跌倒在地，无他人助一臂之力是不可能重新站立起来的；然而，他们的智力却相当发达，可以制造驼毛毡毯以蔽体遮羞，甚至还可以挡风。如果鞑靼人冒险向他们发动攻击并用箭射伤他们，后者只需要在伤口处放一撮草，然后就全速飞快地逃走。"①

直到清代，竟然还有人认为作为"蛮夷"的英国人是没有关节的。两军对峙，哪需要射箭放炮呀，

---

① 《柏朗嘉宾蒙古行纪　鲁布鲁克东行记》，耿昇、何高济译，中华书局2013年第2版，第41—42页。

清军使用长长的竹竿,把他们捅倒,被捅倒后,英国人无法站立起来,这样就可以轻而易举地击败英军。"中国的北方人还以为英国人不能够在陆地上正常地行走,因为我们是蹼足动物,同时我们的手脚没有关节。此外,他们还以为我们在黑暗中才看得最清楚。这些观点,张先生本人,一个读过很多书和很能干的人,承认以前也是这样想的。"[1]

有限认知和错误认知的原因之一是行动受限、视野受限。《广州葡囚书简(1524?)——葡中首次交往的见证》记载,葡萄牙人克里斯多弗·维埃拉在广州被捕后,囚禁于囚笼内,捆绑在囚车上,被一路押解到广西流放。维埃拉沿途所记录的所见所闻,是典型的行动受限,导致视野受限,因而产生诸多有限认知和错误认知。[2] 英国马戛尔尼使团、阿美士德使团使华时,清政府人为地限定其活动范围,导致其有关中国的记述多流于表象和错误。清

---

[1] [英]芮尼:《北京与北京人》,李绍明译,国家图书馆出版社2008年版,第117—118页。
[2] 又见[葡]费尔南·门德斯·平托《葡萄牙人在华见闻录》,王锁英译,海南出版社、三环出版社1998年版。

政府奉行闭关锁国政策，严格限制在广州的外国人的活动范围。"在广州我们步行锻炼的空间是十分有限的，我们在河上可以乘船，到岸上则只能在城里走动，并要冒被抢劫的很大的风险。……当人们回顾当时的情况时，他们很难明白，为什么我们呆了那么长时间却对那里的人民了解如此之少，而他们对我们的了解也是如此之少。"[1]

中国人一度对外国的了解也很少，其中有自然环境的因素。"自然环境造就了一个闭塞的民族大家庭：中国东边和南边是海洋；西边和北边是崇山峻岭和沙漠；数百年来，中国人过着自给自足的安逸生活，不受外界干扰。"[2] "在中国人看来，除了他们的国家，世界上没有其他城市。在中国，没有人知道外国国家的名字。因为他们没有习惯走出中国，看看在他们国家之外，世界上还有其他国家和城市。

---

[1] ［美］卫斐列：《卫三畏生平及书信——一位美国来华传教士的心路历程》，顾钧、江莉译，广西师范大学出版社2004年版，第20页。

[2] 苏芙、龚荷花、苏惠民编译：《走向没落的"天朝"——德国人看大清》，国家图书馆出版社2013年版，第154页。

他们还相信，除了他们的国家，世界上都是荒地，并受中国皇帝管辖。由于大多数到过中国的人和中国的敌人，都来自那些荒芜之地，所以他们认为整个世界上都是荒地和荒地的人。"①

有限认知和错误认知的原因之二是道听途说、以讹传讹。道听途说有两个来源，一是"口口相传"。"一个中国老人告诉我说，有时他们进攻中国的地方，如果风从他们的方向吹来，从味道就可以辨出他们。他们去打仗时，把生肉放在身下准备食用。他们就这样吃生肉，而且用血涂抹自身，好使自己变得强壮，使自己在战斗中残忍无情。"② 这从诸多记录中国见闻的书名可见一斑，如《中国印度见闻录》《东域纪程录丛——古代中国闻见录》。二是得之于书本。西班牙人马丁·德·拉达在记录明朝的事情时说："我们这里谈的这个国家的事情，部分系我们亲眼所见，部分系采自他们自己的书籍和

---

① ［波斯］阿里·阿克巴尔：《中国纪行》，张至善、张铁伟、岳家明译，华文出版社2016年版，第21页。

② ［英］C.R.博克舍编注：《十六世纪中国南部行纪》，何高济译，中华书局2019年第2版，第108页。

对国家的论述……其中有七部书落到我手里,有不同时期不同作家的不同版本,因此可以通过相互比较了解到一些真相。"① 英国特使马戛尔尼也说:"在我出使中国前,我熟读了我能够理解的各种语言记录该国的书。凡有希望提供消息的人,我尽量与之交谈,不能前往的,我就跟他们通信。这样获得我接触到的材料,并在脑子里记下来,合上书本。"② 而后来者来华,大多参照马可·波罗的中国游记《马可波罗行纪》,世易时移,刻舟求剑,有限认知和错误认知在所难免。

---

① [英]C. R. 博克舍编注:《十六世纪中国南部行纪》,何高济译,中华书局2019年第2版,第217页。
② [英]乔治·马戛尔尼、约翰·巴罗:《马戛尔尼使团使华观感》,何高济、何毓宁译,商务印书馆2019年版,第82页。

有限认知和错误认知

刻板印象

下次出国旅游,不妨记住这句话:对当地人来说,我们才是老外。每个中国人都是一面来自中国的镜子,每个中国人都是一本关于中国的书,每个中国人都是一个中国形象。

东北人都人高马大,江南女子都娇美可爱,客家人读书都特别厉害,广东人都很会做生意,如此等等,都是刻板印象。

刻板印象针对一个群体而言,这个群体与自己的文化差异显著。"比之我们欧洲人,中国人之勇敢犹如妇女在男子的面前所显示的。至于聪明才智,中国人却远在欧洲人之上,他们头脑敏锐,远非我们所能比。但是,他们又狡黠、奸诈、诡谲、多疑,他们常以欺骗外国人为乐事,以显示他们的智慧是超越任何别的民族的。他们常常装作什么幼稚而轻信,以哄骗别人。他们善于投机取巧,钻营谋利,很不可靠。确实,他们又极其勤劳刻苦。"① 这是一个欧洲人对异域文化"群体"的"高度抽象""高度概括"。

刻板印象是对该群体笼统的、不准确的认知。这种认知经过长时间之后,固化成一个"套路",好像一个免费的头套,未来碰到任何一个来自该群体的人,就理所当然、义无反顾地将这个"头套"套在具体的个人头上。英国人罗伯特·福琼在中国盗掠茶种和其他植物种子时,也形成对中国人的不准确的刻板印象:"当中国人想要达成一个目标时,他们唯一考虑的,是讲真话有助于目标的实现,还是讲假话?哪种办法更能实现目标,他们就选择哪种,也许,他们稍微偏向的还是讲假话。"②

---

① [罗]尼·斯·米列斯库:《中国漫记》,蒋本良、柳凤运译,中华书局1990年版,第37页。

② [英]罗伯特·福琼:《两访中国茶乡》,敖雪岗译,江苏人民出版社2016年版,第192页。

刻板印象基于人类的"分类、归纳"惯性、以偏概全的错误认识。认为江西人都能吃辣的刻板印象大概来自一个非常有名的说法：江西人不怕辣，湖南人辣不怕，四川人怕不辣。一生之中，人们每天接触海量的信息，人脑不可能事无巨细地原样照抄记录下来，势必需要对海量信息进行取舍、分类、归纳，这直接导致刻板印象。英国的阿美士德使团使华时的医官克拉克·阿裨尔说："在中国，各种人为制造出的东西，在每一个省，其特征几乎都相同。见到了一个城市里的人，在很大程度上就是见到了所有的中国人。他们建造建筑所用的材料，会由于所在地区不同而使用不同的泥土或岩石，但是他们的建筑样式都是一样的。他们建造的塔的情况也是同样的，塔的高度不同，层数不同，但无论是北京的塔，还是南京、广州的塔，每个地方的塔都可以做几乎同样的描述。"① 阿美士德使团因"礼仪之争"无法觐见嘉庆皇帝、讨论贸易问题，被驱逐出

---

① ［英］克拉克·阿裨尔：《中国旅行记（1816—1817年）——阿美士德使团医官笔下的清代中国》，刘海岩译，商务印书馆、中国旅游出版社2017年版，第174—175页。

境，从北京经运河到天津，最后从广州坐船回国，大部分时间只能待在船上，所见所闻极其有限，其对中国人、中国文化的看法"以偏概全"，形成显而易见的刻板印象。好比乍一见外国人，觉得但凡外国人都是高鼻梁、黄头发、白皮肤、蓝眼睛，而外国人觉得中国人都是扁鼻子、黑头发、黄皮肤、棕眼睛。

刻板印象有好有坏、有利有弊。好的刻板印象节省人们的取舍时间、认知成本、存储容量，便于迅捷地掌握信息。坏的刻板印象，在程度上继续发展，形成偏见；在范围上继续发展，会扩大到与之类似的群体，比如从一个美国人扩展到所有美国人，从美国人扩展到欧美人，从欧美人扩展到全体外国人，极大地危害跨文化交流。

坏的刻板印象应该被破除。加强亲力亲为、丰富沟通渠道、避免以偏概全、谨慎分类归纳、避免偏听偏信，都是好的办法。"他们应该破除这种观点，认为中国官员就像一种傀儡，主要成就就是会不停地点头。也要破除这种观点，认为中国风景就像一幅印在有柳树图案的盘子上的画。我们深信，两国之间存在的冷漠主要是由于误解而不是由于人们通常的想象造成的。子曰:'不患人之不己知,患不知人也。'我们自己在中国的经历总的来说是非常顺利的,在这个世上很难发现有哪个民族像汉人的子孙那样,十分纯朴、友好、慷慨、勤劳与善良。"①

---

① [英] F. H. 巴尔福:《远东漫游——中国事务系列》,王玉括、綦亮、沈春蕾译,南京出版社2006年版,第181页。

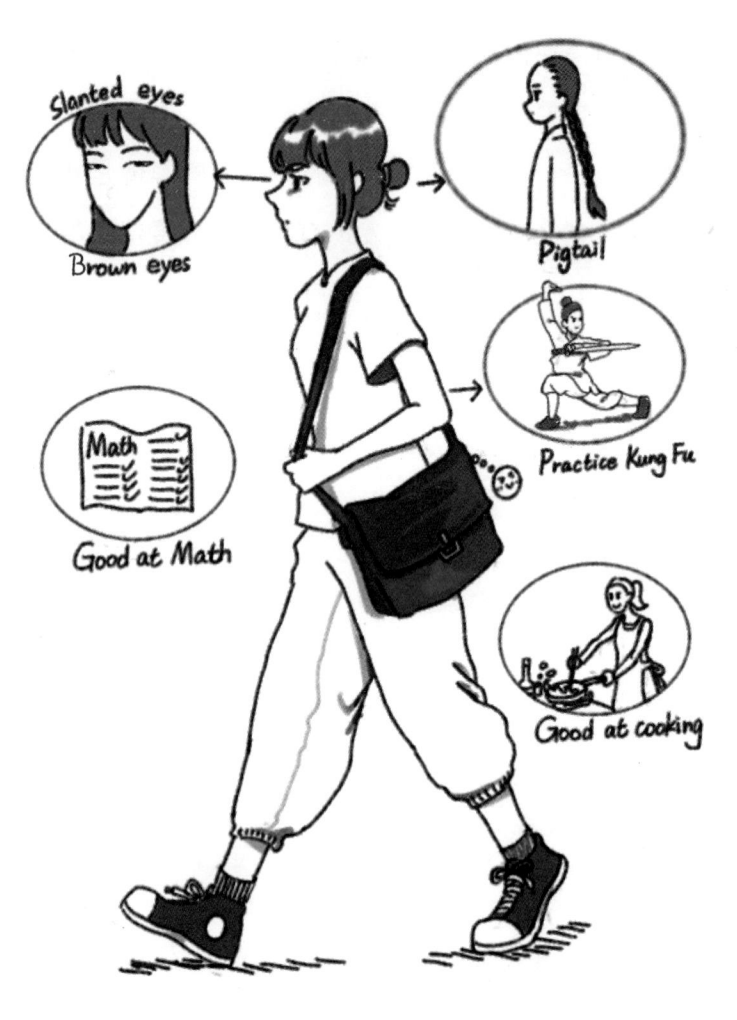

跨文化交流的基本向度：关键词讲解

刻板印象：老外眼中的中国人

妄自尊大

"妄自尊大"是笔者的创造,跨文化交流研究中没有人使用这个概念,比较接近的或许是"大国沙文主义""我族中心主义"。

作为跨文化交流的妄自尊大,包括明明不行却强装自己行、对外面世界的无知、无耻。

第一,明明不行却强装自己行。英国人密福特1865—1866年在北京任英国驻华使馆参赞,他写道:"北京对欧洲人开放之前,南方的中国人习惯于自欺欺人。举例为证。如果有人告诉他们西方诸如铁路和电报之类的伟大科学发明,他们会立刻平心静气地说:'见过!见过!北京那边多的是!'至于北京的规模和人口,自然也是闭着眼睛说瞎话。"①因为担心铁路阻隔风水,更因为害怕变革,清政府的铁路只在紫禁城内修了一段,2英里长,目的是供好奇心强的皇帝当玩具玩耍。

第二,对外面世界的无知。英国阿美士德使团使华时,作为中方特使去接待使团的"张(指张五纬,时任天津道——引者注)总是一副对欧洲的任何事情都不关心的样子,却又迫切想了解我们的一些最实用的制造品。他特别欣赏我们的玻璃器皿和装有金属板的物品,在一次通过马礼逊先生翻译与我进行交谈时,他问了我许多有关这些物品的问题。在他对这些问题的回答感到满意之后,我趁机告诉他,我们有这样的金属,只要与水一接触就会燃烧。我带了一些钾,想给他展示钾的特性。他立刻问我钾有什么用,当我的解释不能令他很满意时,他那不屑一顾的样子使我不敢再做实验了。"难不成张五纬同学把英国医官的化学实验当作了术士、巫师、

---

① [英]密福特:《清末驻京英使信札》,温时幸、陆瑾译,国家图书馆出版社2010年版,第43—44页。

炼丹者的骗人把戏,提高了警惕性? 张五纬对西方的科学技术表现出那么一点点兴趣,天津道副将寅宾则毫不关心,"能引起他注意的欧洲产品似乎只有葡萄酒和樱桃白兰地"。① 目测是一个如假包换的酒鬼。

第三,无耻。无知导致无耻。英国阿美士德使团使华,完全重蹈此前马戛尔尼使团使华的覆辙,在要求使团行三叩九拜之礼上,中国皇帝寸步不让。这个"天子"的命令传达下来,把中方下面的人忙得不亦乐乎。当时帝国的尚书(相当于现在的部长?)仅7人,皇帝一口气派了其中的3人,来使团斡旋跪拜大事。首先,中方的钦差大臣粗鲁无礼地从英国人堆中撞挤进来,根本不理会门口那些英国人对他们的问候,径直走进阿美士德勋爵的房间,一屁股坐在主位上,谈判自然破裂。其次,中方人员干脆闯进英国人的房间,一左一右,多次试图架着勋爵往外走,以便把勋爵和他的随从分开。再次,

---

① [英]克拉克·阿裨尔:《中国旅行记(1816—1817年)——阿美士德使团医官笔下的清代中国》,刘海岩译,商务印书馆、中国旅游出版社2017年版,第150—151页。

钦差大臣改变策略，进行劝诱，英国人不从。复次，换了和世泰，他粗暴地抓住英国勋爵的胳膊，同时示意周边的中方官员帮忙，要把英国人拖去拜见中国皇帝。英国人挣脱，义正辞严地抗议，和世泰马上变换口气，说这是中国人协助不能走路的人的一种方式。最后，中方谎称此前的马戛尔尼也向中国皇帝行过三叩九拜礼，诱骗阿美士德上当。来来往往，几次三番，阿美士德还是宁死不从。没办法，皇帝终于把阿美士德使团驱逐出境。

我们看看唐朝怎么对待老外不"三叩九拜"的。"其使谒见，唯平立不拜。宪司欲纠之。中书令张说奏曰：'大食殊俗，慕义远来，不可置罪。'上特许之。"[①] 两相比较，差距不是一点点。

妄自尊大的根源有哪些？

一是"中央帝国"的观念作祟。文明有先后，文化无优劣。工业革命以后，借助科学技术的强劲动力，西方迅速崛起。清政府依然躺在老祖宗的功

[①] 张星烺：《中西交通史料汇编》第2卷，华文出版社2018年版，第525—526页。

劳簿上睡大觉，全然不知道世界已经发生了"千年未有之大变局"。罗马尼亚人尼·斯·米列斯库作为俄国使节使华，1676年觐见康熙皇帝，他在《中国漫记》中写道："他们自称'中国'，即'中央帝国'，因为他们自认为他们的帝国处于世界之中心，其他帝国都微不足道，他们说其他国家的人都是野人，只会用一只眼睛看人，只有他们才会用两只眼睛看人。在中国话里，'皇帝'的意思就是'世界的主人'，'人间的上帝'，除了自己的皇帝，他们不承认其他任何皇帝。"①

二是毫无现代国家和国家之间平等的想法，有的是"万国来朝"的臆想和虚荣。"在尊贵的君主看来，他的领土就是整个世界——普天之下莫非王土，他是人性的主教。因此，任何将其与西方君主等而视之的企图都是一种亵渎。他才是世界的主宰，而西方的君主们只是一些或多或少效忠于他的边远贡国的诸侯，所有这些诸侯国都听从分成18个省份

---

① ［罗马尼亚］尼·斯·米列斯库：《中国漫记》，蒋本良、柳凤运译，中华书局1990年版，第7页。

的中央王国,这些没头脑的野蛮人还称它为'中国'。"① 把国家之间的平等关系,偷换成上下级关系;把国家之间的正常往来,偷换成朝贡与被朝贡关系。

三是不知改进。德国地质地理学家李希霍芬看得准确,他说:"其实落后并不可怕,可怕的是还傲慢自大不知改进。……虽然中国很早就和欧洲有接触,但是为自大所害,他们压根儿就没想过跟欧洲人学习点儿什么,更别说派人到欧洲取经。"② 妄自尊大,后果很严重。慈禧就吃过这个苦头,所谓"离京暂避",实际是逃命到热河。后来的鸦片战争就更不用说了,慈禧丢了"大清国当今圣母皇太后万岁万岁万万岁"的"桂冠",中国被动陷入万劫不复的痛苦深渊,几乎亡了国。

---

① [英] F. H. 巴尔福:《远东漫游——中国事务系列》,王玉括、綦亮、沈春蕾译,南京出版社 2006 年版,第 1—2 页。
② [德] 费迪南德·冯·李希霍芬:《李希霍芬中国旅行日记》,商务印书馆 2018 年版,第 224—225 页。

妄自尊大

妄自尊大犹如井底之蛙

各种"打架":冲突里隐含的文化

中外学者对"跨文化冲突"有不同的定义,归结起来,大家伙儿不约而同,都在找原因,找到一个共同的原因:文化差异。"非我族类,其心必异",文化不同,彼此就很容易吵嘴打架。美国哈佛大学的塞缪尔·亨廷顿是这种说法的典型代表,他在《文明的冲突》中提出"文明冲突论",认为冷战后的世界冲突不再是政治或者意识形态的冲突,而是文化冲突。

他说的,也不一定对。

有种观点,认为跨文化冲突的原因,往深了挖,就要怪到"文化多样性"的头上,甚至挖到祖坟上去,即文明的不同发展路径和呈现形态。

这种说法有一定的道理,但不完全对。

我们从特定历史时期"老外"的观察和记录中,先看看跨文化冲突怎么"打架"。

"打架"的第一个阶段:骂人、喊侮辱性的名号。美国人亨特在《广州番鬼录 旧中国杂记》中记载,那时的广州人把外国人叫做"番鬼""红毛鬼"。

"打架"的第二个阶段:扔泥巴、扔石头。利玛窦刚来中国的时候,从澳门入境广州,到达两广的首府肇庆,被当地人扔泥巴、扔石头。当然是远远地扔,但目的是砸到这个"鬼佬",把他弄脏,最好砸伤。

"打架"的第三个阶段:捣乱。还是利玛窦,当地人不满足于扔泥巴、扔石头,趁他不在,爬进他的房屋,把家具、床铺、用品、书籍等一律掀翻在地。

"打架"的第四个阶段:驱逐出境。明末来华天主教传教士庞迪我跟着利玛窦,给明朝的神宗皇帝画地图。后来明朝禁教,发生"南京教案"事件,庞迪我被驱逐出境,寄居在澳门。

"打架"的第五个阶段:被判软禁①、流放或者死刑。比如被软禁的罗马教廷使华特使铎罗。铎罗被软禁是由于"中国礼仪之争"(或者叫"中西礼仪之争")。这场中国皇帝与罗马教皇之间的礼仪之争从17世纪初开始,一直延续到20世纪,绵延300多年,或许称得上是人类历史上历时最长、卷入人数最多、影响最大的一次外交事件/政治事件吧。究其实,是双方的价值观(祖先崇拜、偶像崇拜、祭祖敬孔)乃至"天下观"(谁是世界的老大?谁听谁的?)在作祟。葡萄牙商人跑到广州和中国人做生意,这是葡萄牙与中国的第一次交往,克利斯多弗·维埃拉的下场是被流放到广西。他一路流放,一路"观光",把自己的心得体会记录下来,形成《广州葡囚书简(1524?)》。

"打架"的第六个阶段:战争。这是跨文化打

---

① 参考近期发生在中国、美国、加拿大之间的"孟晚舟事件",其被加拿大软禁近3年(2018年12月1日至2021年9月25日)。

架的最高形态，危害最大。

18世纪末，英国首次派出特使来中国，带着浩浩荡荡近600人的队伍和各种各样的礼物，说是给乾隆八十大寿祝寿，其实是想和清王朝签订商贸协定。生意人在大清帝国的地位是非常低下的，"士农工商"嘛，排名最末尾。特使马戛尔尼一行到达天津后，一行人及物品、礼品通过运河前往北京，中方官员在其装载礼品的船上挂上"贡品"二字。英国人中有人认识汉字，不同意，说这是给乾隆的礼品，不是"贡品"，意思是我们不是来朝贡的，咱们是平等的。中方官员不听。特使一行千里迢迢奔波（他们是从英国坐船来中国的，不是坐飞机），感觉蛮累，到得北京，特使病倒，而且被安排在类似马厩一样的临时帐篷里。乾隆听说特使带了一些稀罕的玩意儿，想立马见到特使，漏夜也要见。中方官员当然坚决执行皇上的谕旨，怒气冲冲推开扎堆在马厩里闹哄哄的英国人群，左一个、右一个，架起特使的胳膊，几乎离地悬空，就往外走。特使及其随从不从，你拉我扯他推搡，场面混乱。这次没有遂乾隆的意。"抗旨不遵"呀，是要杀头的。

这还不算，双方在特使是否对着乾隆行"三跪九叩之礼"上讨论来讨论去，简直达不成一致。没办法，乾隆及其官僚认为，咱可不只是天朝的皇上，更是"天下"的皇上。不跪是吧？不拜是吧？轰走！然后，马戛尔尼一行就被轰走了。①

英国人不死心，过了22年，到了1816年，又派出阿美士德使团使华。那时的皇帝是嘉庆。嘉庆继承了父皇乾隆的强硬作风，也坚持让特使三跪九叩头。特使又不从，又被轰走②。

后面的事情，大家就很清楚了：1840年，英国发动对华的鸦片战争。当然，鸦片战争不是因为跪拜礼，而是因为日不落帝国要向中国市场倾销他们的鸦片，毒害中国人。

从历史的长线条来看，英国人对华发动这次战争及未来的系列战争，充分显示了他们的"深谋远虑"和"耐心细致"。哎妈呀，英国人这是在"下

---

① ［英］乔治·马戛尔尼、约翰·巴罗：《马戛尔尼使团使华观感》，何高济、何毓宁译，商务印书馆2019年版。
② ［英］亨利·埃利斯：《阿美士德使团出使中国日志》，刘天路、刘甜甜译，商务印书馆2013年版。

一盘很大的棋"呀,非常可怕。此为后话。

由此可见,跨文化冲突各种"打架",原因不只是文化差异,还有价值观、宗教信仰、思想观念、意识形态、国家利益,等等。原因很多,很复杂。

种族歧视

刻板印象有好有坏,偏见则完全是消极的态度。偏见在程度上继续发展,在范围上继续扩大,变成对另一个种族或者族群的负面观念,就形成种族歧视。

首先,"种族"歧视存在于族群与族群之间、种族与种族之间。对单个人的消极看法,不属于种族歧视。但是,对单个人的消极看法,当事人往往会将其高度抽象,进行扩大化使用,"以偏概全",进而形成对一个种族或族群的负面看法,上升为"种族歧视"。种族歧视多来源于直接经验和个人知识。

英国人施美夫毫不掩饰对中国人的厌恶:"中国的社会渣滓,成群结队地涌入这个不列颠殖民地(指香港——引者注),或是梦想发财,或想图谋抢劫。虽然有几个颇为殷实的店铺老板开始来这个殖民地定居,但新来者中,绝大多数是地位低下,人品卑劣。城里的中国人口主要是佣人、苦力、石匠和打零工的泥水匠。"① 英国人不只歧视中国人,而且也歧视美国人,以至于美国人卫三畏直言不讳地说:"英国人一向如此。在他们看来,别的民族都一无是处。要想赢得英国人的尊重,就必须痛打他们,而且打得越厉害他们就越尊重你。"② 美国人明恩溥反过来歧视中国人,关于还债,他罗列了中国人的"七宗罪":所有人都需要经常借钱;所有人都有义务借钱给别人;几乎所有人都欠别人的钱;除非迫不得已,所有中国人都不会还清借款;除非债主追债,中国人绝不会主动还债;除非债主频频追债,

---

① [英]施美夫:《五口通商城市游记》,温时幸译,北京图书馆出版社 2007 年版,第 403 页。
② [美]卫斐列:《卫三畏生平及书信———位美国来华传教士的心路历程》,顾钧、江莉译,广西师范大学出版社 2004 年版,第 181 页。

中国人绝不还债;多数情况下,中国人还债时,每次只还一部分。①

其次,种族歧视源自"我族中心主义",以为"我族是高等的,我族的文化是优秀的;他族是低劣的,他族的文化是卑劣的"。马可·波罗就曾说:"此地名曰博洛尔(Belor),居民居住高山之上,信奉偶像,风俗蛮野,仅以猎兽为生,衣兽皮,诚恶种也。"② 那样的族群,住在山上,只会打猎,如果不是披挂着兽皮,几乎要赤身裸体,他们风俗野蛮,崇拜偶像,信仰异教,人种就是孬种,是没有进化的野蛮人。在德国人李希霍芬看来,就连中式服装都是低劣民族才穿,"穿这种服装就是跟低等民族的习惯同流合污,而传教士事事都应比当地人更高一筹才是"。③ "我族中心主义"的思想昭然若揭,如夏日白花花的日头。

---

① [美]阿瑟·亨德森·史密斯(明恩溥):《中国乡村生活》,赵朝永译,上海社会科学院出版社2019年版,第138—142页。

② [法]沙海昂:《马可波罗行纪》,冯承钧译,商务印书馆2012年版,第83页。

③ [德]费迪南德·冯·李希霍芬:《李希霍芬中国旅行日记》,李岩、王彦会译,商务印书馆2018年版,第611页。

最后，种族歧视包括不同程度的对立态度和行动①：拒绝接触、种族隔离、排外与人身攻击②、种族大屠杀。

元朝和清朝，一度实行"分区居住"政策，不同族群之间彼此隔离，没有交流，不能通婚，互不往来。人也分等次，比如元朝，一等人蒙古人、二等人色目人、三等人汉人、四等人南人。印度的种姓制度也一样，人为地把人分作三六九等。美国历史上对待土著印第安人、黑奴的态度，也是种族歧视。

"尽管中国人有这样那样的优良品质，在他们的经书里也有一些高尚的道德理论，但是我对中国人还是不太看得起。我认为他们比其他民族的人要低

---

① 参见 Russell Jeung Ph. D., Aggie Yellow Horse Ph. D., Tara Popovic & Richard Lim, *Stop AAPI Hate National Report*（March 19, 2020 - Feb 28, 2021），2021 年 3 月 19 日从其网站 stopaapihate. org 获取 PDF 版，共 11 页。

② 参见英国内政部《仇恨犯罪（英格兰和威尔士）2019 年至 2020 年数据》（2020 年 10 月 28 日发布；2021 年 3 月 4 日从其网站获取）（Home Office：Hate Crime, England and Wales, 2019/20）、英国议会《仇恨犯罪数据》（2020 年 12 月 10 日发布；2021 年 3 月 4 日从其网站获取）（House of Commons：Hate Crime Statistics. Number 8537. By Grahame Allen, Yago Zayed, Rebecca Lees）。

等一些。"把这些野蛮人的"蛮性"夸大,一旦这些"低等"民族发展起来,他们就成为"危险"分子。"假使中国人的教育水平和精神力量一下子达到与他们的智力相匹配的高度,那么黄种人必定会向世界其他地方进军。还好现在他们只有为我们产茶叶和丝线的能力。"① 美国于 1882 年通过并实施的《排华法案》是种族排外的典型代表。随之而来的,是对被歧视族群的人身攻击,"华工"及所有在美华人深受其害。

澳大利亚人莫理循直言不讳,中国人就是"低等"民族:"也正是这部分中国人,把我们从澳大利亚的北领地驱赶出去,他们还无限制地涌入其他殖民地,我们必须不失一切时机地阻止他们。我们不能和中国人竞争,不能和他们混居、通婚,他们是语言、思维和习俗上的外族,他们是低等而高活力的劳作动物。中国人温和、节俭、勤劳,一旦不遵纪守法就会逃避法律,这是我们都知道的。他们

---

① [德] 费迪南德·冯·李希霍芬:《李希霍芬中国旅行日记》,李岩、王彦会译,商务印书馆 2018 年版,第 120、122 页。

在工作上胜过英国人，会让英国人离开家园而饿死，这一点没人能否认。要想跟华人竞争得胜，我们自己的匠人和劳工就得降级成劳累不休的机械牲口，不能赡养家小，每周苦干七天，没有任何娱乐、享受和舒适，无关乎国家利益，对分担政府费用毫无贡献，现在觉得令人生厌的食物到时将赖以为生，现在单独一人还嫌不够的房间到时若非厌恶就得和别的十个或十五个人挤在一起。"① 莫理循 1894 年从上海旅行到仰光，百日之中形成对"所有中国人"的观感，为西方国家对待中国日本而捏造的"黄祸论"添油加醋煽风点火。

种族大屠杀是最好例证——第二次世界大战时期纳粹德国对犹太人、比利时人②，纳粹日本对中国人的大屠杀③。

---

① ［澳］乔治·厄内斯特·莫理循：《1894，中国纪行》，李磊译，中华书局 2017 年版，第 326—327 页。

② 参见张雅文《盖世太保枪口下的中国女人》，人民文学出版社 2002 年版。

③ 参见［德］约翰·拉贝《拉贝日记》，江苏人民出版社 2015 年版；［美］张纯如（Iris Chang）《南京大屠杀：第二次世界大战中被遗忘的大浩劫》，中信出版社 2015 年版。

种族灭绝还有一种隐蔽的形式,加拿大真相与和解委员会(The Truth and Reconciliation Commission of Canada)称之为"文化种族灭绝"(Cultural genocide)(他们是这样界定的:"Cultural genocide is the destruction of those structures and practices that allow the group to continue as a group."①) 19世纪初到20世纪末,加拿大政府强制土著印第安人的儿童与原生家庭分离,隔绝其与自己家庭的联系;强迫这些儿童寄居在政府出资兴办、各种教派负责管理的寄宿学校,扼杀其族语,强迫学习英语或者法语;断绝其与母文化的联系,剥夺其原住民身份,破坏原著民族文化和信仰的传承。这就是臭名昭著的"加拿大印第安人寄宿学校体系"(Canadian Indian Residential School System)。

---

① The Truth and Reconciliation Commission of Canada, *Honouring the Truth, Reconciling for the Future: Summary of the Final Report of the Truth and Reconciliation Commission of Canada*, p. 1. 2021年3月19日从该组织的网站 www.trc.ca 获取PDF版,共535页,ISBN 978-0-660-02078-5。

"时间会说话"

在中学，物理老师告诉我们：空间是三维的，想象一下任何一个物体，有长、宽、高；时间是一维的，想象一下孔老夫子说的"逝者如斯夫"，时间总是在不经意间从指缝间流走，永不回头。

时间、空间，远为复杂。

封建时期，皇家控制并管理着时间。这首先意味着只有皇家才有足够的知识、能力、人力、财力，才有天文台，通过观测天象、预测吉凶，颁布包含黄道吉日的"宜""忌"年历，供百姓遵照使用，其他人等，一律不得印制年历或时间表。① 百姓什

---

① ［美］怀礼（I. W. Wiley）：《一个传教士眼中的晚清社会》，王丽、戴如梅译，国家图书馆出版社2012年版，第44—45页。

么时候干什么、不干什么，均被掌控。皇家在各大城市设立特定场所，摆放滴漏，设置"守时人"，到得一定时辰，"守时人"把"时间"书写在木板上，悬挂出去，同时敲锣或击鼓，广而告之，用以示众，百姓据此知晓时间。皇家通过目标管理、过程管理、结果管理，实现对时间的完全彻底的控制。从这个意义上来说，百姓是"没有时间"的。百姓唯一可以倚靠的"时间"是无私普照的太阳，日出而作日入而息而已。

古人也"没有空间"，没有什么空间概念，没有行之有效的测量手段。更准确地说，他们不在乎精准的空间距离，而是以时间计算空间、以时间指称空间。

春秋时期齐国国相管仲年老，退休在家。齐桓公问政于管仲：你老了，谁可以做你的接班人呀？你觉得卫公子开方怎么样？管仲说：卫公子不行啊，"齐、卫之间，不过十日之行"[1]，开方为了迎合您，

---

[1] （清）王先慎：《韩非子集解》，钟哲点校，中华书局2013年第2版，第79页。

十五年都不回去拜见照料父母。不孝顺父母的，必不忠敬君王（不孝必不忠的意思）。管仲所谓"齐、卫之间"的距离，就是用时间来计算的。

唐宋时期，从某地到某地，可以不以"里"计算，而用"程"。"程"指一个白天所行进的距离，"一日所行，无一定里数"。"程"包括陆行和水行，陆行分为马行、步行、车行，马行一日70里，步行一日50里，车行一日30里。水行乘舟，按不同水域划分，分为江行、湖行；按不同方向划分，分为沿江下行、溯流上行。因此有这样的说法："地去宜州陆行四十五程。程无里堠，但晨发至夜，谓之一程。"①《大唐西域记》记载："夫数量之称，谓踰缮那。踰缮那者，自古圣王一日军程也。旧传一踰缮那四十里矣。印度国俗乃三十里，圣教所载唯十六里。"②玄奘所记录的印度，也是以一日之内所行进的"程"来计算距离。《汉书西域传补注》也多有

---

① （宋）周去非：《岭外代答校注》，杨武泉校注，中华书局1999年版，第84—85页。
② （唐）玄奘：《大唐西域记汇校》，（唐）辩机撰，范祥雍汇校，上海古籍出版社2018年版，第78页。

记载，比如"且末国……西北至都护治所二千二百五十八里，北接尉犁，南至小宛可三日行。"清代徐松补注："颜君《张骞传》注云：'不知其道里多少，故以日数言之。'"① 清代用"更"表示大海中航行的里数，大约六十里为一"更"，但风大风小、顺风逆风、涨潮落潮等，都影响里数的计算。"中国用罗经，刻漏沙，以风大小顺逆较更数。每更约水程六十里，风大而顺，则倍累之；潮顶风逆，则减退之，亦知某处。"② 作为昔日帝都的南京，人们是这样描述城市之大的："两匹马清晨从同一扇城门并排踏出，绕城背道而行，至当日夜晚到达对面的城门汇合。"③ 在客家人看来，同样的距离，挑担走上坡路、挑担走下坡路，或者挑担走平路，换工（收费）肯定是不一样的，上坡路最贵，平路次之，下坡路最贱，也是因为其所耗费的时间、力气、汗水

---

① （清）徐松：《汉书西域传补注》，朱玉麟整理，见《西域水道记（外二种）》，中华书局 2005 年版，第 412 页。

② （清）陈伦炯：《海国闻见录》，丁金潮点校，商务印书馆 2020 年版，第 25 页。

③ 叶农整理：《耶稣会士庞迪我著述集》，金国平、罗慧玲、蒋薇译，广东人民出版社 2019 年版，第 507 页。

都不一样。古人和客家人自然不会糊涂到不会计算"里"数,不会计算空间。这样的空间是作为"人的空间",是与人有关联的空间,是活生生的、充满情感的空间,是"行动的空间"。德国哲学家卡西尔说:"原始人的空间是一种行动的空间;而这种行动是集中于直接的实际利益和实际需要的。……它仍然充满着具体的个人情感或社会情感,充满着感情的成分。"①

澳大利亚人莫理循不理解这种空间观:"我主要想说,中国人的路程概念非常混乱。在一个重要的细节上与我们的不同:他们的距离不是一个固定的数量,长度随道路经过的地形变化。不平坦会导致距离增加,就是说距离绝不遵循 A 到 B 等于 B 到 A 的定律——也许会多出百分之五十、百分之百,甚至更多。解释起来很简单。距离是用时间来估计的,大概而言,十里(3 又 1/3 英里)是相当于一小时行程的单位。'还得走六十里'的意思是前面还有

---

① [德]恩斯特·卡西尔:《人论》,甘阳译,上海译文出版社 1985 年版,第 57 页。

六小时的行程，也许整段路都是上坡。如果你下坡返回，听说这段相同的路程只有三十里，不必感到惊奇。"①

莫理循以所谓现代"科学"的、物理的、静态的观念来看待中国人"艺术"的、情感的、动态的时间，自然鸡同鸭讲，找不着北。这种"现代"的时空观，更加无法解释"神圣时间/空间"与"世俗时间/空间"，甚至无法解释我们现在所说的"仪式感"，为什么同样的时间空间，稍加折腾装扮，就有了"仪式感"呢？

或许，这就是美国人类学家爱德华·霍尔所说的，"时间会说话"。

霍尔在《无声的语言》② 中分析了美国人的"现代"时间观念。一，讲究准时。美国人一般总会比约定时间早一点到达，这是美国人尊重时间、

---

① ［澳］乔治·厄内斯特·莫理循：《1894，中国纪行》，李磊译，中华书局2017年版，第204—205页；参见［英］柯乐洪《横穿克里塞——从广州到曼德勒》，张江南译，云南人民出版社2018年版，第299页。

② ［美］爱德华·霍尔：《无声的语言》，何道宽译，北京大学出版社2010年版。

尊重对方的表现。如果等待，超过 5 分钟、10 分钟，都无法忍受。二，把时间看成一条路或者一根带子，这条路或者这根带子上的时间被分割成一小段一小段，一"段"时间做一件事情，不同的时间段配以不同的路线图和工作任务，由此出发，通向未来。"时间就像一个舱室，有串门的时间、做饭的时间、工作的时间。做一件事时，人就在一个舱室里，不会转到另一个舱室。"霍尔甚至说："对我们而言，同时做两件事似乎有点不道德。"三，对时间的分割，导致"办事迅捷"。四，美国文化是"未来导向"的，"传统"在美国文化里的作用很有限。

和美国人不同，我们的时间是彼此交叉重叠的，好像一个圆形罗盘，罗盘被分割成一个个扇形。与上述彼此独立、各自封闭、前后相续的"舱室"不同，做事情的时候，人们可以占据一个扇形，也可以从一个扇形移步到另一个扇形，还可以在不同的扇形之间自由切换，互相穿插，同时处理几件事情。美国人把时间看成一条路或者一根带子，横向切割，拦腰斩断；中国人把时间看成一个圆形罗盘，纵向分配，藕断丝连，但似乎不影响"办事迅捷"。

中国文化是"传统导向"的,"传统"在中国文化里的作用异常巨大。传统导向的文化尊重传统、尊重经验、尊重权威、尊重威权。从一维的时间角度来看,未来导向的文化是"向前看"的,传统导向文化是"向后看"的。从三维的时间角度来看,未来导向的文化和传统导向的文化都既"向前看"又"向后看",只是程度不同、侧重不同而已。"我们不能在描述一个有机物的瞬间状态时,不把这个有机物的整个历史考虑进去,不把这种状态与其未来状态相关联。"① 因此说,现在是过去与未来的"中介",联系着过去与未来。现在是"现在"的现在,也是"过去"和"未来"的现在。②

---

① [德]恩斯特·卡西尔:《人论》,甘阳译,上海译文出版社 1985 年版,第 63—64 页。

② 参看汉斯-格奥尔格·加达默尔的解释学观点"视界融合"(《真理与方法》,洪汉鼎译,上海译文出版社 1999 年版)。

以己度物

意大利哲学家维柯说:"人在无知中就把他自己当作权衡世间一切事物的标准……人在不理解时却凭自己来造出事物,而且通过把自己变形成事物,也就变成了那些事物。"①

这就是"以己度物"的思维方式和认知模式,包含三个意思:第一,面对不同于自己文化的事物时,人们显得不理解或者无知。第二,因为不理解或者无知,人们会向自己熟悉的事物求助,从自我出发,以自己熟知的标准为基准,来体验、衡量、

---

① [意]维柯:《新科学》,朱光潜译,人民文学出版社1987年版,第181页。

认识外物。人们"对辽远的未知的事物,都根据自己熟悉的近在手边的事物去进行判断"。第三,更进一步,"把自己变形成事物",通过"移情",把自己的感情投射到其他事物上去。

哲学家的话不太好理解,举个栗(例)子。

宋代赵汝适记载,弼琶啰国"又有骡子,红、白、黑三色相间,纹如经带,皆山野之兽,往往骆驼之别种也"①,把非洲的斑马比作中国的骡子、骆驼。《星槎胜览》"卜刺洼国"条把斑马比作"花福鹿""花福禄","阿丹国"条则比作"黑白花驴"。明代陈诚这样描述斑马:"有一花兽,头耳似驴,马蹄骡尾,遍身文采,黑白相间,若织成者,其分布明白,分毫寸不差。"② 一匹斑马,是驴是马是骡,又非驴非马非骡。明代黄省曾却把斑马比作"螺","有兽焉,其状如螺,白身白面而青纹,其名曰花福鹿"③,

---

① (宋)赵汝适:《诸蕃志校释》,杨博文校释,中华书局2000年版,第102—104页。

② (明)陈诚:《西域行程记 西域番国志》,周连宽校注,中华书局2000年版,第74页。

③ (明)黄省曾:《西洋朝贡典录校注》,谢方校注,中华书局2000年版,第114页。

说的是斑马的花纹形似田螺的花纹。《瀛涯胜览》说:"其福鹿(Faro)如骡子样,白身白面,眉心隐隐起细细青条花,起满身至四蹄,细条如间道,如画青花。"①

亚美尼亚国王海屯于1254—1255年出使蒙古,他在《海屯行纪》中记载:"这里有形形色色的野兽,特别是极大量的黑狮,尚有猴子和狒狒,蝙蝠大如吾乡之鸽子。也有老鼠,大如吾乡之犬,叫做舍尔皮(scherpi)。正因如此,那里的老鼠是由狗来捕捉,因为捕鼠动物或者猫对此毫无用场。在此邦中,人人都在他的房前有一株粗若吾乡柱头的花木,而只要浇水,这棵树从不枯萎。尚有很多别的乐于听闻的异事。"② 国王海屯也是用自己熟知的故乡(吾乡)的事物作为参照物,来比对认知他乡的陌

---

① (明)马欢:《瀛涯胜览校注》,冯承钧校注,华文出版社2019年版,第66页;又见(明)龚珍《西洋番国志》(向达校注,中华书局2000年版)第37页:"其福鹿状如骡,白身白面,眉肩起细细青条花缠身及蹄间道如画。"

② [意]鄂多立克等:《海屯行纪 鄂多立克东游录 沙哈鲁遣使中国记》,何高济译,中华书局2019年第2版,第40页;参见[美]倪维思《中国与中国人》,张勇译,新华出版社2014年版,第4—5页。

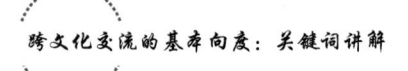

生事物。

摩洛哥旅行家伊本·白图泰来到元朝帝国,发现"他们烧的炭,是一种像我国陶土的泥块,颜色也是陶土色,用大象驼运来,切成碎块,大小像我国木炭一样,烧着后便像木炭一样燃烧,但比木炭火力强"①。白图泰用自己的生活经验、知识体系、话语体系来观照中国文化,一是回避对陌生文化的焦虑,二是方便国内读者阅读理解。

英国人罗伯特·福琼19世纪40年代在华,他发现"中国人用来区分岛上外国人阶层的方法非常滑稽。通常来说,他们给外国人安上三种头衔:满大人——或者按他们的发音读作'满大宁';先生;喂。第一个阶层是'满大人',包括政府部门中有一定官衔的人,以及陆、海军中的军官。……商人被尊称为'先生'。普通士兵、水手以及其他社会层次较低的人,都被划入'喂'这一阶层。……'喂'则是个全新的称呼。'喂'或

---

① [摩洛哥]伊本·白图泰:《伊本·白图泰游记》,马金鹏译,华文出版社2015年版,第397页。

者'哎',是英军士兵或英国水手说话时最常用的发语词,在我们攻占北方城镇之后,中国人不断听到我们的士兵用这一词句来互相打招呼,自然就以为这是较低阶层的称呼。我们经常听到当地人互相打听,这个英国人是'满大人'、'先生'还是'喂'?"①

俄罗斯探险家尼·米·普尔热瓦尔斯基于19世纪70年代在蒙古、唐古特地区探险,据他记载:"一位刚从彼得堡到西伯利亚不久的年轻军官,曾经以信使身份前往北京公干。在他经过蒙古的一个驿站,准备更换马匹的时候,有几个蒙古人走上前来,按照他们惯有的方式向他致以问候——问他的家畜长得如何。当这个年轻军官通过哥萨克翻译得知,本地主人想知道他的羊和骆驼长得肥不肥,便否定地摇摇头,告诉蒙古人说,他根本不养什么家畜。可这些人无论如何都不肯相信,一个如此体面的人,身为国家官员,竟然连一

---

① [英]罗伯特·福琼:《两访中国茶乡》,敖雪岗译,江苏人民出版社2016年版,第36—37页。

头牛羊、骆驼之类的家畜都没有。他们简直搞不懂，一个人离了家畜，还怎么能活下去。我们在旅途中，也有许多次碰到蒙古人提出类似的问题，譬如，我们来到这么远的地方，家里的牲畜是谁在照看；我们那里的羊尾有多重，在家里是否能经常吃到这种美食，以及我们到底有几匹像样的马等。"①

就好像以前的老百姓，对神秘神圣、高高在上的皇帝渺无所知，问：他吃饭是蘸红糖还是蘸白糖？贫穷限制了人的想象力。比如慈禧，人家吃饭，"正餐"2顿，每顿100道菜；"小吃"2次，每次四五十碗菜。红糖？白糖？你想得太多了……

"以己度物"不单用于对新事物的认知，还可以用于创造新的语言。"伶俐的中国人巧妙地运用听惯的外国音调，成功地弥补自己语言的不足，并依照自己的单音节表达方式，同时使用最简单的中国话来表达他们的意思"，创造出中式英语"广东

---

① ［俄］尼·米·普尔热瓦尔斯基：《蒙古与唐古特地区：1870—1873年中国高原纪行》，王嘎译，中国工人出版社2019年版，第55页。

英语"。①

"以己度物"的思维方式和认知模式可能产生积极的作用,帮助认识外物、新事物,也可能产生消极的作用,形成错误归类、错误认知。

---

① [美]亨特:《广州番鬼录 旧中国杂记》,冯树铁、沈正邦译,广东人民出版社2009年版,第66—70页。

创新的更大可能性：文化多样性

"文化多样性"本来不是一个需要讨论的问题，不言自明，常识、常理而已。就好比自然界，充满生物多样性。①动物，千千万万；植物，千千万万；微生物，千千万万。②

人，千千万万；因而，文化，也有千千万万的

---

① 参见联合国于1992年发布的《生物多样性公约》，中文版正文35页，*Convention on Biological Diversity*，英文版正文28页。2021年4月9日从"联合国生物多样性公约组织"官网https：//www.cbd.int/doc/legal/cbd-zh.pdf获取PDF版。

② 参见《〈中国的生物多样性保护〉白皮书》，中华人民共和国生态环境部2021年10月8日发布，2021年10月14日从中华人民共和国生态环境部官网https：//www.mee.gov.cn/ywdt/szyw/202110/t20211008_955713.shtml获取。

不同的文化。

不知道从哪天起,多事者或居心叵测者妄图把水搅浑,好像全世界都要讲同一种语言(比如英语?),全世界都要吃同一种食物(比如面包?),全世界都要信仰同一种宗教(比如基督教?),全世界只有同一种声音。

清醒的人毕竟是大多数。法国学者海然热的《反对单一语言——语言和文化多样性》①,给世人敲响警钟,旗帜鲜明地反对英语的霸权地位。联合国教科文组织2018年9月在长沙开了一个"世界语言资源保护大会",发布《保护和促进世界语言多样性岳麓宣言》(Protection and Promotion of Linguistic Diversity of the World, Yuelu Proclamation)。说的是语言,其实也包括文化,语言承载着文化。联合国不是心血来潮,2001年就发布《世界文化多样性宣言》(Universal Declaration on Cultural Diversity),2005年发布《保护和促进文化表达形式多样性公约》

---

① [法]海然热:《反对单一语言——语言和文化多样性》,陈杰译,商务印书馆2015年版。

(Convention on the Protection and Promotion of the Diversity of Cultural Expressions)。

不少人有先见之明。

马可·波罗发现,大汗治内并存着多种语言,大汗本人就非常喜欢异文化。"大汗常责他们说:'我很喜欢知道各地的人情风俗,乃汝辈皆一无所知。'大汗既喜闻异事,所以马可在往来途中注意各地之事,以便好归向大汗言之。"大汗果然大视野、大胸怀、大格局。

春秋战国时期的诸子百家,百家争鸣,"百花不齐放",是思想文化多样性的极好例证。

中国考古学泰斗苏秉琦认为,上古的中华文化绝不是铁板一块,而是有"六大文化区系类型",她们各自孕育、各自发展,彼此影响,最后逐渐归于所谓的"一体",慢慢"一统"。① 用现在的话来说,"聚是一团火、散是满天星"。2019—2020 年,四川三星堆又发现 6 个祭祀坑,更加证明古蜀文明

---

① 苏秉琦:《中国文明起源新探》,生活·读书·新知三联书店 2019 年版。

的特质和华夏文明的多源共生。

文化多样性意味着文化差异。甫一见面,中国人肯定问老外家住何方、年龄、家庭成员、工资收入、多少子女,等等,指定把老外问得目瞪口呆,这样都可以?"我的可怜的隐私呀!"又比如吃饭,一双筷子首先就给老外一个下马威。更严重的问题是,那时的中国人没有"公筷公勺"的概念,为了表示对客人的尊重和喜爱,用自己的筷子给人夹菜。老外哪里见过这阵势,就要拒之千里。简直"好心当作驴肝肺"。①

"根据记载,第一位清朝官员,踏上美国土地后,受邀参加一次招待会。招待会在华盛顿举行,主要内容之一就是举办一场大型的舞会。在舞会上,面对满脸通红、激情昂扬的男女舞伴,这位官员简直惊呆了。活泼狂野的舞姿与舞者身上典雅考究的服饰,在这位官员看来,就是两种相互对立的事物。观赏了一会儿之后,这位官员好奇地向身边的一位朋友问道:

---

① [英]施美夫:《五口通商城市游记》,温时幸译,北京图书馆出版社 2007 年版。

'那些人到底在做什么啊？看上去，他们很劳累，为什么不雇佣一些人来做呢？'"① 这个这个……呵呵。

这是中国人看老外。老外看中国人，也一样。比如给父母送棺材作为礼物。

"众所周知，在穷人中，一个孝顺的儿子给死去的父亲最合意的礼物就是一口好棺材；卑贱的劳动者或农民都清楚，无论他和他的家庭多么贫穷，他理所当然要以一种非常值得尊敬的方式埋葬，这确实是值得他们满足的。有时候棺主还活着，庞大而笨重的棺材就存放在佛寺里了，但这需要花钱；所以它经常占据着卧室中代表着地位尊贵的地方，那儿通常成为一家人的骄傲，以及运气差些的邻居们嫉妒的对象。尽职而孝顺的儿子们给一家之主置办棺材有时会成为'请人来家坐坐'的理由，他们会邀请附近的亲朋好友。他们希望到访者能恭喜这位自豪的父亲又添置了新的家具，恭喜他这么好的福气有这些堪称楷模的儿子们，表达他们对棺材极大

---

① ［美］何天爵：《本色中国人》，冯岩译，译林出版社2016年版，第74页。

的赞美,恭维儿子们的孝心,说他们刚做的就是最好的证据。"① 送棺材作为礼物,而且不时还要"显摆显摆",这对老外来说,简直匪夷所思。

美国人亨特在《广州番鬼录　旧中国杂记》一书中用了一章的篇幅来讲"'番鬼'与中国风俗"的差异。俄国人叶·科瓦列夫斯基在《窥视紫禁城》中也用一章的篇幅描写"看戏赴宴",中国人咿咿呀呀不知所云、从早到晚绵延好几天的戏曲表演,配以琳琅满目滔滔不绝的满汉全席,简直就是肉体和精神的双重折磨。感兴趣的同学应该看看,此处不再赘述。

文化差异导致跨文化不理解,需要更强的灵活性和适应力。文化多样性扩大视野、观念、意义的范围,意味着创新的更大可能性。

文化多样性绝对是好事嘛。

---

① [英]庄士敦:《狮龙共舞:一个英国人笔下的威海卫与中国传统文化》,刘木森译,江苏人民出版社2014年版,第85页。

跨文化交流的基本向度：关键词讲解

各国不同打招呼方式

文化多样性

求"大同"、存"小异"

"世界多极化、经济全球化、社会信息化、文化多样化深入发展",是现阶段耳熟能详的一句话,这让人第一时间想到一个如雷贯耳的词:地球村。经济、商贸、科技、金融、资金等的流动,促使原本分散的地域之间的联系日益紧密,形成地球村。地球村是全球化,尤其是经济全球化的直接结果。

地球村作为一个"村",肯定有它的差序格局(借用费孝通先生的概念),或许还有村痞村霸。村里的核心利益有哪些?村民委员会怎么构成?谁说了算?村规家法怎么定?出了问题该找谁评理?祠堂里摆放哪种信仰的偶像?学堂上课用什么语言?

教授哪些内容？谁主内谁主外？如此等等，都是问题。

西方所主导的全球化有利有弊。利好在于打破了壁垒，畅通了经济、信息、技术、物流，促进了社会发展。弊端更加显而易见，全球化只是强势国家、强势经济的全球化，导致出现强势语言、强势文化，即美国、英语、美国文化，消解抹杀文化多样性。全球化看起来似乎是一体化、扁平化，其实更加离散化、极端化，好的更好，差的更差。

为了纠偏，应对全球化的弊端，"本土化"观念应运而生。简单地说，本土化就是尊重本地，着重本土，深耕当下。但本土化似乎又走向另一个极端，于是"全球本土化（glocalization）"这一概念被创造出来。全球本土化是全球化（globalization）与本土化（localization）的结合。说的是一种理想状态，即既有统一性，又有多样性，是统一之下的多样性、多样性的统一。

用中文来表达，全球本土化是异中有同、求同存异。

美国人丁韪良熟知中文（包括诸多方言）和中

国文化,曾任京师同文馆总教习,那是在清末。他认为,中国的道教是唯物主义的,佛教是唯心主义的,"儒教"注重道德伦理和社会秩序。中国人对待这三种"宗教",各取所需、融会贯通。中华之帝国的国教是儒学,而不是儒教,因为"孔夫子首先是一个伦理道德的老师。他的体系和基督教惊人的一致,克制的金律首屈一指;而仁爱与谦恭也居于两者所有重要的美德之中。孔子不是基督,而是摩西"。① 丁韪良看到美中文化的"同",而不是刻意强调它们之间的"异"。求同存异首先要求摒弃大国沙文主义和文化优越论,敞开心扉,对自己的文化和异文化都有深入的了解,否则无法发现"同",无法"求同"。

  法国传教士刘应于康熙年间在华,他饱读中国古代经籍,与同样饱读诗书的太子意趣相投。某一天,康熙皇帝龙体欠安,神父们得闲和太子谈论文学。刘应看过中国古典文化的书籍之后,对着太子

---

① [美]丁韪良:《花甲忆记》,沈弘、恽文捷、郝田虎译,学林出版社2019年版,第283页。

讲解起来，太子表示"大懂"。"然后太子开始询问刘应神父，问他对中国文化典籍和西方天主教教义的理解，二者是否存在着共通之处。刘应神父稍加思考，回答道：'可以说二者所表达的思想是有相似之处的，只是后人对古籍的加注开始有了变化，所以二者之间又存在着明显的差异'。"求同存异的直接成果是，"这次谈话后，太子对刘应神父的钦佩更胜之前，甚至可以说是一种敬重。我们希望利用好刘应神父与太子的这一层关系，对我们的圣教产生更多益处"。[①] 康熙时期，在华传教士度过了一段蜜月时光，可以说是传教士在华传教的光辉岁月。

美国公使夫人康格夫人也善于寻找美中文化的共同点，比如殡葬习俗，都有团聚，都有拜祭，都有哀思，都有悼念，大概"人同此心、心同此理"吧。比如中秋节："每当我发现我们自己的习俗和中国人的传统有相似之处时，我就会直接跟太后说我们也有类似的习俗。……接下来的觐见中，我对太

[①] ［法］白晋、张诚、洪若翰、杜德美：《外国人眼中的中国人：康熙大帝》，黄慧婷、卢浩文译，东方出版社2013年版，第163页。

后说，我非常喜欢他们刚过的中秋节，郑重地接受了她慷慨赠予的节日礼物，并真诚地向她表达了我的感激之情。在回味他们的佳节时，我对太后说，我们美国也有自己的中秋节，那就是美国人的感恩节，两者有诸多相似之处。太后对此十分感兴趣。"① 或许正是这些"无关紧要的细节"，拉近了康格夫人与慈禧太后的距离，彼此"同情""共情"，彼此惺惺相惜。在一次单独召见中，慈禧太后竟然主动和她说起八国联军侵华时，她自己和整个清廷逃往热河、颠沛流离的狼狈逃亡之旅。

如果世界还是一个地球村，那么，求同存异的过程中，要更多地关注村里的公共空间，如冬天大家在一起晒太阳的小广场，更多地关注集体的观念和利益，少关心自己家的自留地，少关心那一亩三分地。

所谓"求同存异"，要先"求同"，求"大同"，求更多的"同"。文化肯定有差异，那么要"存

---

① ［美］萨拉·康格：《北京信札——特别是关于慈禧太后和中国妇女》，沈春蕾、孙月玲、袁煜、綦亮译，南京出版社2006年版，第209页。

异",那些"异"先"存"在那里,先"存疑",雪藏、不谈,不要突出强调差异,不要过多突出强调自己文化与众不同的优越性、特殊性、差异性,那样极其容易引起他国民众的抵触情绪。等条件和时机成熟时,再谈"差异"不迟。

求同存异作为第一步,再往前延伸到第二步,就是"取长补短"。"存异"的这个"异",位次要靠后又靠后才好啊。

后　　记

中国最早的诗歌总集《诗经》，主要是西周初年至春秋中叶的民间歌谣；最早的纪传体通史《史记》，记述方式主要是讲故事；深刻影响中国社会和思想两千多年、至今仍然深刻影响中国社会和思想的《论语》，其实是孔子与弟子们的言与行的记录。这些是中国文史哲的优秀传统。

2005年，著名伦理学家、美国普林斯顿大学荣誉哲学教授哈里·G.法兰克福出版《论扯淡》（*On Bullshit*）一书，震动英美，被惊为天人。在接受《纽约时报周刊》专访时，法兰克福教授继续发力，炮轰政治界、学术界、哲学界、娱乐界，振聋发聩："很多人强要假装自己有重要的理论，于是制造出一些无法穿透的语言来掩饰其中并无大义的真相。"①

纠偏矫枉的人并不是没有，日本人宫崎市定②、美国人史景迁③是这方面的杰出代表，他们让历史回归历史，让历史"说话"，让历史"讲故事"，让历史"活泛起来"。

这本小书就是这样的一个尝试。但是，这还远远不够。

感谢武汉大学单波教授欣然赐序，并指出文中诸多错谬、提出很多建设性意见建议。感谢在美国的胡加珠仁兄和众多不愿具名的好友的中肯建议、提供的一手材料。

---

① ［美］哈里·G.法兰克福：《论扯淡》，南方朔译，译林出版社2008年版，第111页。
② ［日］宫崎市定：《宫崎市定中国史》，焦堃、瞿柘如译，民主与建设出版社2019年版。
③ 参见［美］史景迁《王氏之死：大历史背后的小人物命运》，李孝恺译，广西师范大学出版社2020年版。又见史景迁作品《曹寅与康熙》《康熙：重构一位中国皇帝的内心世界》等。

我们视野短浅、能力不足、学识有限，敬请方家批评指正。

作者

2022 年 4 月 22 日于广州大学城